JN438675

홀씨 하나 떨어져

홀씨 하나 떨어져

瑞峯 김정호 수필집

수필과비평사

■ 序

"우물쭈물하다가 내 이럴 줄 알았다."는 조지 버나드 쇼의 묘비명이 생각난다. 덤벙대며 허둥지둥 살아온 세월이 어느덧 연륜을 더하여 부끄러운 고희古稀를 맞는다. 생의 주체인 인간 자체가 불합리하고 모순덩어리라지만, 허둥지둥 살아온 날들에 대한 미련이 남아서인가. 또 한 권의 수필집을 엮어낸다. 미련이 가슴 가득 남는다.

첫 수필집 ≪목화꽃 향기 되어≫ 서문에서 "마른 수수깡 같은 마음 밭에 글 모종을 하고, 열심히 티를 골라내고 거름도 주고 그렇게 첫 수확을 하였습니다. 어떤 것은 벌레도 먹고 덜 익어 풋내가 나기도 합니다. 그러나 부끄러워하지도 않으렵니다. 포장도 하지 않으렵니다. 이 모든 것을 있는 그대로 세상 밖에 내보내려고 합니다."라고 썼었다.

마음속에는 항상 천의무봉天衣無縫을 꿈꾸고 있지만, 아직은 가당치도 않은 말이다. 두 번째 수필집도 역시 어떤 것은 벌레가 먹었고 덜 익어 풋내가 나기도 한다. 그래서 또한 부끄럽다.

숙명처럼 어느 날 마주하게 된 수필이 있어 조금은 행복하게 살았다. 마음껏 넋두리도 늘어놓고 푸념도 하였다. 비록 자랑할 것 없는 삶이지만, 쓰라리고 아픈 상처들의 흔적을 수필로 치장하며 부족하고 미숙한 삶을 뒤돌아보게 한 수필에게 감사함을 보낸다. 언제까지가 될는지 모르지만, 그래도 푸른 마음의 눈동자가 있다면 수필을 사랑하며 살아가고 싶다.

2016년 봄날에

瑞峯齋에서

목차

1부

홀씨 하나 떨어져

2부

나눔의 미학

3부

행복한 남자

4부

삼시 세끼

5부

고맙다, 친구야

1부

홀씨 하나 떨어져

두 손 마주 잡고

음력 7월. 하얀 보름달이 세상을 밝히고 있는 밤이다. 어제는 한여름 소나기가 한줄기 시원하게 퍼붓더니, 언제 그랬느냐는 듯 물안개가 아주 옅게 깔린 저녁 공기가 상쾌하다.

간편한 복장으로 갈아입고 걷기 운동을 위해 길에 나선다. 매일은 아니지만 이렇게 기분 좋은 날이면 가끔 혼자서 걷는다. 집에서 출발하여 가산산성 입구 진남루를 거쳐 남원리를 돌아오는 코스는 한 시간 정도 걷기 운동에 적당하다. 짙은 솔향기를 마음껏 마시며 열심히 걷는다. 시골에 계시는 연로하신 부모님 걱정, 또 서울에 홀로 떨어져 직장생활을 하는 아들 생각, 도토리 키 재듯 고만고만하게 잘 자라고 있는 손자녀석들의 화사한 얼굴을 그린다.

팔공산 자락에 민가가 많지 않아서인지 이른 아침이나 저녁 시간에는 인적이 드물고 한적하다. 게다가 밤이라고는 하지만 한여름의 열기가 온몸으로 느껴지는 요즘 같은 날씨에는 산책하는 사람을 찾아보기가 쉽지 않다. 참으로 다행이다. 호젓한 산길을 걷고 있는데 저만치 한 쌍의 남녀가 다정스럽게 손을 잡고 천천히 걷고 있다. 같은 색 같은 모양의 운동복으로 보아 아마도 신혼부부인 것 같다. 부러울 만큼 다정스러워 보인다.

누구나 신혼 시절에는 풋풋한 사랑으로 가득하다. 그러다 이런저런 세파에 시달리며 살다 보면 때로는 사랑을 잊고 살 때가 잦다. 그냥 무덤덤하게 친구처럼 동반자로서 사랑의 감정은 가슴 깊은 곳에 묻어두고 살아가고 있다.

얼마 전 신문에서 본 기사가 생각난다. 기혼자既婚者들에게 '만일 다시 태어난다면 지금의 배우자와 다시 결혼하겠느냐?'라는 질문이 있었다. 대다수 여성은 지금의 남편과 결혼하지 않겠다고 대답했고, 남자들은 지금의 아내와 다시 결혼하고 싶다고 답했단다. 결과는 나의 예상을 빗나갔다. 우리나라 고유의 유교적 관념으로는 '여필종부女必從夫'라고 하여 여자는 남자를 따르는 것을 미덕으로 알고 있다. 그런 면에서 아내는 다시 태어나도 지금의 남편을 선택하리라 믿었다.

우리 부부에게 이런 질문을 한다면 어떤 답을 할까? 특히 아내의 생각이 궁금해진다. 당신이 만약에 다시 태어난다면 나와 결혼하겠느냐고 장난삼아 물어볼 수도 없다. 아니라고 대답한다면 그때의 기분은 어떨까. 여성 대다수가 아니라고 답했다고 하니 아내도 같은 생각을 하고 있으리라 짐작만 할 뿐이다. 나 역시 모든 남자의 대답과 다르지는 않을 것 같다. 다른 여자를 만나 살아보고 싶은 욕망은 가슴 깊은 곳에 자리 잡고 있다. 그러나 당장 내 곁에서 살 비비며 살아가는 내 반쪽을 남에게 내어준다는 생각에 등골이 오싹해진다. 새로운 것에 대한 호기심보다는 내가 누리고 있는 것에 대한 상실감이 더 크게 작용할 것 같아 그런 생각을 하게 하는지도 모르겠다. 당장은 명쾌한 답이 나올 것 같지 않다.

앞서서 걸어가는 젊은 부부를 뒤로하고 열심히 걷는데, 갑자기 아니지, 그건 아니지 싶다. 하늘의 축복이 있어 만약에 당신과 내가 다시 태어난다고 해도 나는 단호하게 당신을 놓아주고 싶다. 22세 어린 나이에 나를 만나 살아오는 동안 그 많은 사연을 어떻게 말로 다 표현해낼 수 있을까. 가난한 살림의 집안 8대 종부宗婦로 들어와 크고 작은 일들을 겪으면서 지금까지 시난고난하게 살아왔다. 남자의 자존심(?)은 있어 고생하는 아내 등 한번 다독여주는 일에도 인색했지만, 그래도 아내의 고생만큼은 잘 알고 있다. 혹시라도 절대자의 능력에 의해 다시 태어나는 기회를 준다면 좋은 사람 만나 고생 좀 덜하고 행복하게 잘살아 보라고 축복해주고 싶다.

그러나 지금은 아니다. 당신이나 나나 어떤 운명에 의해 부부의 인연을 맺어 이제까지 잘 살아왔으니 남은 삶이라도 아름답게 보내고 싶다. 살아가야 할 날이 살아온 날보다 적게 남은 것은 분명할지니, 조금은 서럽고 억울하더라도 붉은 입술 꼭 깨물며 두 손 마주 잡고 따뜻한 사랑의 정을 나누며 행복하게 살아가고 싶다.

(2016. 2. 19. ≪경북일보≫)

홀씨 하나 떨어져

팔공산에 돌구멍절이 있다. 은혜사를 거쳐 백흥암을 지나 땀 한 번 흘리고 숨 가쁘게 오르다 보면 그만그만한 암자를 뒤로하고 맨 마지막에 돌구멍절이 있다. 돌구멍절이란 흔히 부르는 이름일 뿐, 사찰의 정식 명칭은 중앙암이다. 법당에 들어가려면 거대한 암석 두 덩이가 가로막는다. 천왕문이라고 씌어있다. 돌로 된 일주문이다. 두 암벽 사이는 한 사람이 겨우 지나갈 정도로 좁다. 그 문을 통해서 법당으로 들어갈 수 있다. 하여 흔히 돌구멍절이라고 부르는 것 같다.

고찰이라면 으레 믿거나 말거나 한 설화가 뒤따르지만, 중앙암 역시 신라 김유신 장군이 수도하는 곳이라고 한다. 좁고 아담한 대웅전으로 들어가 오랜만에 부처님께 삼배로 인사 올리고 나서 김유신 장군이 먹었다는 시원한 장군수 한 모금으로 갈증을 달랜다. 다시 힘을 내어 법당 뒤 바윗길을 오른다. 몇 번 와본 곳이지만 색다른 감회에 젖는다. 삼일암 암자 터와 자그마한 삼층 석탑, 그리고 옥개석이 없는 석등 앞에서도 반배의 인사를 올린다. 자주 찾는 팔공산이지만, 이런 곳이 있었던가 싶다. 거대한 바위가 안고 눕고 서 있다. 마지막 정상 부근 커다란 바위 틈새를 비집고 만년송 한 그루가 서 있다. 나이가 얼마나 되었는지 가늠이 되지를 않지만, 하늘을 향해 세 개의 가지를 뻗고 늠름하게 서 있는 모양새가 범상치 않은 위풍을 간직하고 지나가는 바람에 온몸을 맡기고 있다. 게다가 바위틈새를 비집고 뻗어 나간 뿌리줄기는 몇 미터나 되는지 가늠하기조차 어렵다. 팔공산 그 넓은 땅. 다 놓아두고 하필이면 비좁고 척박한 이 바위틈에 자리 잡고 저리도 잘 자랐을까.

든든한 다리가 있어 양지바르고 비옥한 장소로 옮겨갈 수도 없을 것이다. 모진 겨울철 한풍 다 받아내고 여름철 무서운 태풍도 이겨냈다. 그저 척박한 이곳에서 죽을힘을 다해 얼마인지도 모를 세월을 몸으로 견디며 살아왔을 것이다. 그러자니 결코 짧지 않은 세월 동안 얼마나 신산辛酸한 삶을 살아왔을까. 아무리 힘들고 고단해도 자반 뒤집기 한번 할 수 없는 붙박이 몸으로 살아왔을 만년송이 애처로움을 넘어 안타까운 생각마저 든다. 갑자기 한 그루의 소나무가 위대해 보인다. 비록 수목일망정 두 손 모아 합장을 한다.

옛날 봉건사회에서는 태어날 때부터 신분의 정해졌다. 양반의 자손으로 태어나면 평생을 양반으로 살았고, 천민의 자식이 되면 죽을 때까지 천민의 신분을 벗지 못했다. 그래서 왕대밭에 왕대 나고 졸대밭에 졸대 난다는 말이 생겼을까. 왕대는 평생을 왕대로 살아 온갖 호강을 누리고, 아무짝에도 쓸데가 없는 졸대는 구박과 천대 속에 자기의 삶을 스스로 개척하며 살아야 했다. 이렇듯 새 생명의 태어남에는 선택의 자유가 없다. 우연히 좋은 환경에 태어나므로 얻어진 영광된 삶은 누구에게 감사해야 하며, 자기의 뜻이 아닌데도 불행한 환경에 태어난 죄로 평생을 욕되게 살았다면 그 보상은 어디에서 받아야 하는가.

요즘 세상에 살아가는 사람 중에는 별별 삶이 다 있다. 어떤 사람은 부모 잘 만나서 어려움 없이 잘살기도 하고 어떤 이는 부모의 얼굴도 모른 채 시난고난 살아가는 사람도 있다. 그러나 분명한 것은 이들 모두가 본인의 뜻과는 무관하게 세상에 던져졌다는 것이다.

한창 감수성이 예민한 사춘기 시절이었다. 넉넉하지 못한 집안에 태어난 것에 대하여 원망하는 마음이 많았다. 그리고 부모님께 이유 없는 반항도 참으로 많이 했다. 끝내는 나 자신도 감당하기 어려운 좌절감과 실의에 빠져 방황을 하기 시작했다. 책임지지도 못할 자식은 왜 낳았느냐고 패악悖惡을 가슴에 묻고 살았다. 그때 부모님의 마음은 어떠했을까. 차마 말을 못하시지만, 얼마나 가슴 아파하고 안쓰러움에 밤잠을 쉽게 이루지 못했으리라.

나도 자식들을 키웠고 손자까지 몇 명을 보았다. 누가 나에게 '당신은 부모 노릇을 제대로 했느냐.'고 묻는다면 어떤 대답을 할까. 자식을 대학까지 보냈고 무사히 가정을 꾸려주었다고 책임을 다한 것일까? 그들에게는 진정 불만이 없었을까? 내가 지금 자식들에게 온갖 노력을 다했다고 자부한다면, 그때 부족하다고 원망도 많이 했던 내 부모님도 온 정성을 쏟았을 것이 아닌가. 단지 부모는 세월을 잘못 만난 탓으로 뜻을 제대로 펼칠 수가 없었고, 넉넉한 집안에 태어나지 못함이 원인이었을 것이다.

그러고 보면 불행하다고 느낀 그때의 내 모습은 차라리 사치였다. 죽고 싶을 만큼 불행하다고 생각했던 그 시절에도 끼니를 거르지는 않았다. 때로는 비록 정부에서 나누어 주는 구호물자 밀가루를 배급받아 수제비를 끓여 끼니를 이을지라도 배를 곯지는 않았다. 위로 할머니와 부모가 계시고 아래로 세 동생도 있어 등 기대고 정 나누며 살 수가 있었다.

우리보다 못한 형편에서 갖은 고생을 하며 살아가는 사람을 뒤돌아볼 눈이 없었다. 하루를 살아가야 하는 어려움이 죽음조차도 미안해 해야 했던 지독한 아픔이 되는 많은 사람을 보아왔다. 그래도 그들은 누구를 원망하지 않고 오늘도 온 힘을 다해 살아가고 있다. 어느 종교 자선 단체의 구호가 눈길을 사로잡는다. "얻어먹을 힘만 있어도 주님의 은총입니다!"

홀씨 하나 땅에 떨어져 싹을 틔우며 무사히 자라나기까지는 보이지 않는 무한한 은혜와 수고와 은총이 있어야만 가능한 일인 것을…….

(2011. 7. ≪대구문학≫ 91호)

매화꽃 피면

새봄을 알리는 화사한 매화꽃이 피고 있다. 며칠 전부터 한 두 송이 꽃망울이 터지기 시작하더니 오늘 아침에는 완전히 매화꽃이 만발했다. 조심스러운 발걸음으로 매화 곁으로 다가간다. 매화꽃 향기가 코끝을 간지럽힌다. 오랜만에 기분이 좋아진다. 얼마나 기다려온 봄 냄새였던가. 넋을 놓고 매화 곁에서 명상에 잠긴다. 봄꽃이야 많고 많지만 맨 처음 봄을 알리는 꽃은 매화꽃이다. 시인 묵객은 매화꽃 하면 눈 속에 피어난다는 설중매雪中梅를 이야기한다. 하지만 나는 지금까지 설중매를 본 적은 없지만, 새봄을 알리는 매화꽃이 피면 새로운 세상이 열리고 희망을 가져올 것만 같은 예감에 가슴이 들뜬다.

지난겨울을 생각해 본다. 사정없이 몰아치는 삭풍과 눈보라는 팔공산의 위용만큼이나 겨울답고 잔인하다. 땅 위에 있는 모든 것을 뒤엎어버릴 듯한 기세로 몰아치는 겨울 삭풍에 모든 것은 몸을 감추었다. 동면하는 북극곰처럼 사람도 자연도 움츠리고 숨죽이며 목숨을 이어왔다. 산꼭대기가 아니더라도 나무 가지마다 하얀 상고대가 피어 은빛으로 반짝이지만, 모두들 죽은 듯이 엎드려 가는 시간을 죽이며 빨리 겨울이 지나가기를 기다리고 있다.

잔인한 겨울은 날씨만이 아니다. 설상가상雪上加霜이라고 했던가. 해토머리가 가까워지는데 아내가 이상하다. 간간히 배가 아프다고 한다. 소화제도 먹어보고 동네 의원도 몇 차례 드나들었다. 의사가 처방해주는 약을 먹어도 잠시뿐이다. 내 손톱 밑에 가시는 견딜 수 없이 아프지만 곁에 있는 사람의 맹장염은 아프지 않은 법이다. 별 탈이야 없겠지 하면서 시간을 보냈다. 와중에도 아내는 시름시름 앓고 있다. 어느 날 저녁 모임에 다녀오니 아내의 몰골이 말이 아니다. 얼굴은 부석부석하고 머리는 산발이다. 덜컥 겁이 났다. 당장 큰 병원으로 가자고 했다. 이 밤중에 어떻게 가느냐며 내일 아침까지 기다려 보자고 한다. 그렇게 또 며칠을 미련스럽게 보냈다.

미련스럽게 보낸 세월이 벌써 달포 가량을 지났다. 죽을 만치 많이 아픈 것도 아니고 그냥 기분 나쁠 만큼 아랫배가 아프다고 한다. 혹시나 싶어 산부인과 진료도 받아보았으나 그쪽에는 아무런 이상이 없단다. 그래도 여전히 배는 아프다고 호소한다. 변비약에 설사약까지 먹어보고 동네 의원을 찾았지만, 별무소득일 뿐이다. 배 아픈 것쯤이야 시간이 지나면 낫겠지 하고 미련을 부린다. 당장 큰 병원에 가서 입원이라도 하게 된다면 간간이 찾아오는 손님 뒤처리는 누가 하느냐며 차일피일 미루어 달포 가까이 지났다.

주차장 한 귀퉁이에 제법 튼실하게 자란 매화나무가 서 있다. 팔공산에 들어와서 이듬해 봄에 심어놓은 것이다. 사랑채를 찾아오는 손님이 많고 적음에 관계없이 매일 아침 주차장 청소는 꼭 해야 한다. 간밤에 광풍으로 몰아친 겨울바람에 온통 낙엽천지가 되고 말았다. 대빗자루로 쓸어 모으고 삼태기에 담아 소각장에서 소각하는 일은 매일 반복하는 일과다. 그때마다 매화나무를 돌아본다. 언제쯤 매화꽃이 필까 하고 유심히 살핀다. 마치 봄소식이 전해지고 매화꽃이 활짝 피면 아내의 건강이 좋아질 것만 같다.

종합병원은 아니지만 제법 큰 병원을 찾았다. 지난해 위장과 대장은 내시경 검사를 하였으므로 다소 안심이 된다. 담당의사의 진찰과 권유로 복부 CT촬영을 하기로 했다. 혹시나 하는 마음에서 아내도 긴장하는 모습이다. 세상에는 험하고 힘든 병도 많고 많아서 불길한 생각이 앞선다. 촬영을 마치고 한 시간 남짓 결과를 기다리는 시간이 한없이 길게 느껴진다. 드디어 결과가 나왔다. 아무런 이상이 없단다. 그런데도 계속 복통을 호소한다. 돌팔이 의사가 아닌가 싶기도 하지만, 그래도 의사를 믿는 수밖에 없다. 집으로 돌아오는 발길이 무겁다.

내가 미련했지 싶어 자책감이 앞선다. 옛날 소를 몰아 농사를 짓는 농부도 소를 너무 많이 부려먹어 소가 지치면 평소와 다른 보신용 사료를 먹이다고 했다. 1년 365일 하루도 거르지 않고 3층 계단을 오르내리며 손님들이 남기고 간 흔적과 방 청소를 감당해야 하는 아내도 지쳤을 것이다. 내가 너무 무관심했다. 겨우내 수입이 적어 적자 가계를 꾸려가고 있다 하더라도 아내에게 보약 한 재 지어주어야겠다. 그동안 무심했던 미안함과 무안함을 감추고 당장 한의원에 가보라고 아내를 닦달한다. 한약 한 재 먹는다고 기운이 팔팔하게 살아나고 몸에 병도 금방 나을 것이란 확신은 없지만, 지금 내가 할 수 있는 것은 그것뿐이다. 아내도 한의원에 가보겠다고 한다.

매화꽃이 활짝 피고 매화꽃 좋은 향기가 가득하다. 겨우내 움츠리고 살아왔던 생명 있는 모든 것들이 기지개를 켜고 깨어난다. 이제 활기찬 새로운 세상이 돌아왔다. 아내도 나도 아직은 감당해야 할 일들이 너무 많고 나이는 젊다. 구순九旬의 나이에도 자식 걱정에 밤잠을 설치시는 부모님과 제법 뼈대가 굵어가고 변성기가 오는 손자녀석들 앞에서 아프다고 드러누울 수도 없다. 이것이 숙명이다. 보약 한 재 먹고 기운 차리고 나면 아내도 괜찮아지겠지.

(2014. 12. ≪수필문예≫ 13집)

팔공산 소야곡

초여름 하늘에 흰 구름 몇 조각이 떠 있다. 바람이 부는 대로 흘러가고 있는 저 구름은 도대체 어디서 와서 어디로 가는 것일까. 또 저 구름은 어떤 인연으로 저 하늘에서 어디로 흘러가고 있는가. 하늘에 떠 있는 구름 한 조각 흘러가는 것도 우연은 아니라는 스님의 법문이 생각난다. 세상에 있는 풀 한 포기, 돌멩이 한 개도 그냥 있는 것이 아니란다. 하물며 사람이 한평생을 살아가면서 이런 일 저런 일들을 만나고 이곳저곳으로 옮겨가면서 사는 것도 단순한 우연은 아니라는 생각이 며칠 때 나를 놓아주지 않는다.

참으로 알 수 없는 인연으로 팔공산에 자리를 잡았다. 아무도 상상하지 못한 일이었다. 그것도 생소한 숙박업으로 이곳 팔공산에서 입치레를 하게 되리라고는 나도 아내도 예측하지 못하였고 그 누구도 알지 못하였다. 2006년이었다. 퇴직한 지 3년 차에 접어들고 있을 때 아내는 새로운 일자리를 찾기 위해 여러 곳을 알아보고 있었다. 아직은 젊음이 있고, 앞으로 살아가야 할 날들과 감당해야 할 일들이 많이 남아있기 때문이다.

30여 년이 넘는 세월 동안 월급쟁이로 우물 안 개구리처럼 살아온 우리가 새로운 직업을 찾는다는 것이 생각만큼 쉽지는 않았다. 그때 우연히 아내의 고향 친구가 이곳 팔공산에서 숙박업을 하고 있다는 것을 알게 되었다. 큰돈을 벌지는 못할지라도 늘그막에 먹고 사는 데는 이만한 것이 없을 것이라는 말 한마디에 덜컥 계약하고 말았다. 그리고 10년 동안 아내는 팔공산에 묻혀 살았다. 남자인 나는 이런저런 일로, 때로는 적당한 핑계로 외출할 기회가 잦았으나 자동차 운전조차 서툰 아내는 꼼짝없이 창살 없는 감옥 같은 팔공산 작은 모텔에 갇혀서 살아야 했다. 아무리 생각해도 우연이 아니었다. 우연을 가장한 숙명으로 이곳에 살도록 한 것 같다는 생각이 떠오른다. 그래, 그것은 숙명이었다. 전혀 예상하지 못한 곳에서 색다른 직업으로 10년 세월을 살아가게 될 줄은 아무도 몰랐다. 하여 숙명이라고 믿고 있다.

우연이었든, 숙명이었든 드디어 이곳을 떠나게 되는 감회가 새롭다. 숙박업의 특성이 그렇다. 우산 장수와 나막신 장수 두 아들을 둔 어미의 심정과 너무도 닮았다. 하룻밤을 묵고 가거나 오가는 손님이 많으면 아내의 수고로움에 건강을 해칠까 걱정이 되었고, 손님이 적으면 각종 세금과 전기요금 등 부대비용 및 적잖은 은행 이자를 뒷감당해야 할 일들로 밤잠을 설쳐야 했다. 그렇게 일희일비하면서 10년 세월을 보냈다.

10년 세월에 묵은 때가 자욱하게 앉은 세간들을 손이 닿는 대로 정리한다. 아무리 포장이사를 한다고 하지만, 우리의 손길이 필요한 일들이 헤아릴 수 없을 만큼 많다. 세간 하나하나를 매만지고 정리하는 동안 복잡한 생각이 머리를 어지럽힌다. 자투리 땅에 정성들여 가꾸어 놓는 남새도 그렇고, 한창 자라나는 고추며 탐스럽게 익어가는 하얀 참깨꽃이 자꾸만 뒤돌아보게 한다. 그까짓 것들이 다 뭐라고 생각하다가도 눈길만 스쳐도 발길을 잡고 놓아주지 않는다. 그뿐이 아니다. 울안에 심어놓아 탐스러운 열매가 한창 자라고 있는 감나무도 눈에 밟힌다. 처음 이곳에 들어오던 이듬해 고향 상주까지 가서 직접 사다가 심어놓은 감나무 우듬지가 아득하게 보인다. 지난해에는 두 접도 넘게 감을 수확하였다. 아내와 이마 맞대고 정성스럽게 깎아 곶감을 만들었던 감나무 대여섯 그루가 올망졸망 풋감을 달고 한창 잘 자라고 있다. 이미 수확을 끝낸 매실과 앵두나무, 추석 무렵이면 실하게 익어갈 시원한 맛이 일품인 꿀배 나무까지도 예사롭게 보이지 않는다. 모두가 내 손으로 가꾸어 놓은 애착이 가는 것들이다. 저것들을 두고 어떻게 떠나지 싶다가도 아내의 주름진 얼굴을 보면 시원하게 처분하기를 잘했다는 생각이 앞선다.

우연이든 우연을 가장한 필연이었든 또 한 번 삶의 이정표를 찍는다. 그동안 어머니 품안 같았던 팔공산 자락을 떠나 내일이면 오랫동안 살아왔던 대구라는 번잡한 도시에서 새로운 보금자리를 잡아야 한다. 그러고 나면 또 조금은 낯선 곳에서 낯선 사람들과 어울리며 새로운 정을 찾겠지.

쉽게 잠들지 못하는 긴 밤이다. 하얀 달빛이 폭포처럼 쏟아지던 팔공산의 밤을 오래도록 기억하기 위해 어설픈 시심詩心이 되지도 않은 팔공산 소야곡을 부르게 한다.

팔공산아, 잘 있거라.

팔공산 북촌 자락
애환의 10년 세월
아내 얼굴 쳐다보고
한량처럼 살았는데
시절인연도 다했는가

묵은 먼지 털어내고
떠나려는 발길 위에
아쉬움이 추억된다.

(2015. 12. ≪대구수필문예회≫ 14집)

낙엽 단상(1)

올가을에도 어김없이 낙엽의 천국이다. 빨갛게, 노랗게 또는 검게 퇴색된 낙엽들이 지나가는 바람을 이기지 못하고 아름다운 춤으로 생을 마감하고 있다.

상쾌하리만치 깨끗하고 맑은 아침 공기를 맞으며 주차장 마당으로 내려선다. 지천으로 낙엽이다. 간밤에도 한바탕 바람의 잔치가 있었나 보다. 발에 밟히는 감촉이 푹신하리만치 많은 낙엽이 주차장을 덮고 있다. 바람의 장난인지 온통 낙엽 천지다. 반갑지만은 않은 아침 작업을 시작해야 한다. 대나무 빗자루로 낙엽을 쓸어 모으며 상념에 잠긴다.

지난해에는 낙엽을 쓸며 죽음을 생각했는데, 이것들이 모두 돈이었으면 얼마나 좋을까. 아니 하늘에서 간밤에 큰 축복이 있어 돈벼락이라도 떨어져 이렇게 쌓였다면 얼마나 좋을까 하는 실없는 생각이 떠나지 않는다. 갑자기 웬 돈타령인가 싶다가도 아내 얼굴이 떠올라 미안하고 불쌍한 생각이 떠나지 않는다.

올해에는 유난히도 큰 시련이 지나갔다. 내 힘으로 감당하기에는 무척이나 어려운 일이었다. 지난여름, 어둠이 익어가고 저녁상을 받으려는 순간 "애비야. 너무 놀라지 말고 듣거래이. 집 앞 축대가 내려앉았다. 놀라서 너무 서두르지 말고 찬찬히 오너라." 어머니의 떨리는 목소리가 전화기를 타고 전해진다. 큰일이 벌어진 모양이다. 차리는 밥상을 뒤로한 채 잰걸음으로 부모님께서 사시는 성주星州로 달려간다. 며칠 새 큰 비가 내리더니 기어코 큰 사단을 몰고 온 모양이다.

급하게 손전등을 찾아 이리저리 살핀다. 기가 차고 눈앞이 아찔해진다. 7~8m 정도의 높이로 흙과 잡석雜石을 섞어 쌓아놓은 오래된 마당 앞 축대가 앞집으로 왕창 내려앉았다. 그래도 다행스러운 것은 아랫집 뒤란이 넓고 여유가 있어서 사람과 집은 상하지 않았다. 벌써 앞집에 사시는 노인네는 다른 집으로 피신했다고 한다.

성주군청에 수해복구 지원을 요청했으나 담당자가 몇 번 다녀갔을 뿐, 사유재산 피해는 국가 수해복구 대상이 아니라는 대답이 끝이다. 진정서도 내어보고 연줄 닿는 곳은 모두 접촉해

보았지만, 똑같은 답신만 반복되었다. 마냥 내버려둘 수도 없었다. 막냇동생이 주선하여 급하게 보수공사를 시작하였다. 결국, 천육백만 원이 넘게 들어 깨끗하게 보수를 했지만, 뒷감당이 걱정이다.

여름이 가고 단풍 소식이 들려오기 시작하는 가을 어느 날, 갑자기 아버지께 큰 병이 찾아왔다. 노인네 잔병치레로 병원 출입하고 며칠간 입원하는 정도쯤이야 항상 있는 일이지만, 이번에는 달랐다. 처음에는 며칠 간 복통과 설사로 고생하시면서 병원에 다니시더니 끝내 구급차에 실려 큰 병원으로 오셨다. 며칠째 혈변血便과 함께 혼수상태에서 헛소리하시며 보낸 지 이십여 일이 넘게 치료하였다. 다행히 차차 경과가 좋아서 퇴원하셨지만, 또 사백만 원에 가까운 돈을 두말도 못하고 지불해야만 했다.

형편이 어려운 막내와 여동생은 거의 노력봉사와 간호를 담당하고 이천만 원이 넘는 비용을 밑의 동생과 둘이 나누어 부담하기로 하였다. 이래저래 내가 부담해야 하는 돈이 천만 원 정도 되었다. 부모를 위하여 자식으로 당연히 감당해야 할 일들이지만, 허리가 휘청한다. 퇴직한 지도 벌써 8년째다. 팔공산 자락에서 사랑채 하나 꾸려놓고 지나는 길손 재워주고 받는 삯으로 생계를 꾸려가고 있다. 게다가 아내의 노력과 수고로 겨우 현상유지에 급급한 실정이다. 갑자기 큰돈 마련에 힘이 벅차다.

돈, 돈! 하는 속물근성에서 조금이라도 벗어나서 자유롭게 살고 싶어 팔공산에 노후의 터를 잡았다. 걸림이 없는 지나가는 바람처럼, 무심하게 소나무 가지에 내려앉았다가 날아가는 백로처럼 살고 싶었다. 그래도 닥쳐오는 현실적 시련 앞에서 나도 어쩔 수 없는 속물이 되어가나 보다.

수북이 쌓인 낙엽들을 삼태기에 쓸어 담아 퇴비 야적장으로 옮기는 손길에 불끈 힘이 들어간다. 명리학明理學에서 이르기를 "횡재橫財는 단명短命을 부른다."라고 했다. 지금 당장은 어렵고 힘들지만, 사람마다 운이 다르듯이 형편이 좋아질 날이 분명히 있으리라는 막연한 기대감이 밀려온다. 낙엽, 이놈들을 알뜰하게 모아 푹 썩혀 좋은 거름으로 만들어 내년 봄농사나 실하게 지어볼까.

낙엽 단상(2)

가을에서 겨울로 넘어가는 다소 애매한 계절이다. 팔공산에는 나무가 많다. 나무가 많으니 이맘때쯤이면 낙엽이 지천至賤이다. 또다시 낙엽의 계절이다. 밤새 떨어져 이리저리 나뒹구는 낙엽을 대빗자루로 구석구석에 정성껏 쓸어 담는다. 깨끗하게 쓸고 상쾌한 기분으로 돌아서면 바람이 일으키는 심술로 또 제자리걸음이 된다. 다시 비질을 해보지만, 헛수고라는 것을 알고 있다. 그래도 매일 아침 성스러운 미사라도 올리는 심정으로 낙엽을 쓸어낸다. 여염집과는 비교되지 않는 주차장을 한 번 쓸어내는 일도 그렇게 만만하게 여길 일상사는 아니다.

가을 산 곱게 물든 단풍은 아름답다. 제각각 나름대로 색으로 변장한 나뭇잎들은 뜨거운 여름을 보낸 열정을 저물어가는 황혼기의 마지막 몸짓으로 표현한다. 고운 색으로 단장하고 자태를 뽐내던 단풍은 가까이에서 보는 것보다는 어느 정도 거리를 두고 보아야 더 아름답다.

단풍이 기운이 마지막까지 무르익고 쇠잔해지면 힘없이 떨어진다. 어쩌다 가을비라도 추적추적 내리고 거기에 소슬바람이라도 불게 되면 단풍들은 분분히 날리며 집단자살을 감행한다. 나무에 곱게 달려있을 때는 단풍이지만, 땅에 떨어지고 나면 낙엽이 되고 만다. 낙엽도 자리를 잘 선택하여 떨어져야 대접을 받는다. 외딴 산사山寺곁으로 난 오솔길이나 작은 공원, 시골 학교 운동장에 떨어진 노란 은행잎은 아름답기도 하지만, 그것만으로도 낭만일 수 있다. 그러나 운 나쁘게 깐깐한 성미를 가진 여염집 툇마루나 마당 가에 떨어진 것들은 성가시고 귀찮은 존재로 전락하여 천덕꾸러기 신세가 되고 만다.

문득 낙엽 쓸던 일을 중지하고 수북하게 쌓인 낙엽에 눈길이 머문다. 단풍이었던 시절의 고운 빛을 가진 녀석은 별로 없다. 아름답고 곱던 자태는 희미한 흔적만 남았다. 수분은 말라서 바삭거리고, 곱던 색은 바래 죽음의 색으로 변하였고, 귀퉁이는 찢어지고 듬성듬성 벌레 먹은 마맛자국들을 안고 있다. 한동안 성가시고 귀찮은 존재로 여겨졌던 낙엽에게 미안한 생각이 스친다. 낙엽을 두 손으로 움켜잡아 본다. 바스락 소리가 예민한 청각을 자극한다. 애잔한 슬픔이 파도처럼 일렁이고 연민의 정마저 느껴진다.

저들에게도 분명 새잎 돋아나는 축복의 봄이 있었고, 한여름 뜨거운 태양만큼이나 열정을 가진 계절도 있었다. 힘찬 기운으로 안으로 자양분을 저장하여 다가올 인고의 세월에 대비하고, 밖으로는 온갖 해충들에게 갉아 먹히면서도 살아서 움직이는 모든 생명에게 시원하고 안락한 휴식처를 제공하기도 하였다. 짧은 한해살이 그들의 생애도 지나가는 시간 앞에서는 어쩔 수가 없다. 기운이 다하여 색은 변하여 단풍이 되고 단풍은 마지막 몸부림으로 진저리를 치다가 결국에는 맨몸으로 나뒹굴며 하찮고 귀찮은 존재가 되고 만다.

문득 시골에서 살고 계시는 연로하신 부모 얼굴이 떠오른다. 부모님도 꿈 많고 화려한 청춘이 있었다. 사회의 격변기에 어렵게 살아온 삶의 현장에서 맨 주먹으로 맞서 치열한 경쟁의 시대를 이기고 살아왔다. 다 지나간 꿈같은 이야기다. 세월이 남기고 간 흔적으로 지금은 연로하시어 구순九旬을 내일 모래 하시는 두 분께서는 병들고 지친 몸으로 서로 의지하여 살고 계신다. 등은 활처럼 휘고 팔다리는 힘을 풀리고 곱던 피부는 소나무 겉껍질이 되었다. 게다가 몸과 마음은 각가지 질병으로 피폐해 간다. 아픔의 고통이 심해져 병·의원 드나들기를 사흘이

멀다 하고 지내신다. 자식을 사남매나 두었고 장성한 손자와 증손자까지 보았다. 허나 저마다 바쁘다는 핑계로 문안 전화 한번 제대로 하지 않고 월말에 용돈 몇 푼 보내는 것으로 제 할 일 다 했다고 생각하는 자식들을 원망하지도 않는다. 자식들은 어련히 나이 많아서 그러려니 하고 모른 체 살아가고 있다. 그래도 양주兩主께서는 물려준 재산 하나 없는 불쌍한 자식에게 신세를 지기 미안하다시며 산협山峽 외딴곳에서 서로 의지하여 위로하고 때로는 타박하며 살고 계신다.

혹자或者들은 무슨 복을 그렇게 많아 연로하신 부모님이 계시느냐고, 복 받은 집안이라고 쉽게 말하지만, 나는 그 말을 들을 때마다 얼굴이 화끈거린다. 나 역시 백수 된 지 10여 년이 넘어 무위도식으로 살아가고 있고 아내가 고생하는 대가로 입치레를 하며 사랑채 마당이나 쓸고 허드렛일이나 도와주는 처지가 되었다. 그래도 집안 대소사 챙기고 면치레까지 맡아 해야 하는 장자長子로서 부모님을 수발해야 하는 일에 때로는 힘들고 귀찮게 여긴 적도 솔직히 한두 번이 아니다. 시절時節에 때맞추어 집안의 장손으로 묵묵히 해야 할 일 하고 있으나 어쩌다 부모님께서 심하게 편찮으시거나 지난 해 여름 장마에 큰 수해를 당하여 천여만 원도 훨씬 넘는 수리비용을 지출해야 할 때는 마음속에서는 갈등이 일어나고 때로는 할 수만 있다면 피하고 싶을 때가 없지 않았다. 이래서는 안 되지 하고 생각을 하면서도 눈앞에 닥친 현실 앞에서는 이성은 도망가고 감성만 앞선다. 뛰어나게 효자 노릇을 하는 것도 아니고 그렇다고 남에게 손가락질 받을 만한 불효를 하는 것도 아닌 그저 평범한 최소한의 자식 노릇을 하고 있을 뿐이다.

아직 천명天命이 다하지 않아 산골 외진 곳에서 떨어진 낙엽 신세가 되어 살고 계시는 부모는 그래도 우리 아들이 효자라고 굳게 믿고 계신다. 나도 길 위에 떨어져 뒹구는 처량한 낙엽 같은 신세가 될 날이 머지않았는데…….

(2014. 2. ≪수필과비평≫ 148호)

마지막 가는 길

아버지 산소에 파란 잔디가 곱게 자라고 있다. 가족이 빙 둘러선 가운데 맑은 술 한 잔을 올리고 절을 한다. 이어서 아들과 동생들도 차례대로 잔을 올린다. 어머니는 넋을 잃은 채 물끄러미 쳐다보고 계신다. 이윽고 산소 왼쪽에 작은 구덩이를 파고 장례식장에서부터 마련되어 가져온 혼백을 정성스럽게 묻는다. 질곡 많은 한평생 이 세상 소풍의 끝을 이렇게 땅속에 묻으면서 마무리한다.

벌써 아버지 돌아가신 지 49일을 맞았다. 경산시 모 사찰 법당에서 49재 중 마지막 7재를 올리고 있다. 영혼을 불러오는 대령對靈과 영혼의 몸을 씻어주고 새 옷을 마련해 주는 관욕식灌浴式에 이어, 영가 천도를 위한 관음시식觀音施食이 진행되고 있다. '또르르 똑 또르르 똑' 스님의 목탁소리에 맞추어 극락왕생을 기원하는 '나무아미타불' 정근에 콧날이 시큰해진다. 법당에 모인 가족과 친척 등 모두가 한마음으로 영가의 편안한 안식을 위한 기도에 정성을 모은다. 애통하고 비통함으로 가득 찬 법당의 엄숙한 분위기가 무겁게 가라앉아 있다.

이 세상에 태어나서 팔십구해를 보내고 꿈같이 세상 인연을 홀연히 끊어버리고 저세상으로 가셨다. 남은 사람들이 애통하고 비통한 마음으로 아버지를 전송하고 있다. 맏상제인 내가 반야용선에 아버지 영가 위패를 모시고 스님과 함께 부처님께 마지막 인사를 올린 후 연화대로 향한다. 청아한 스님의 독경 속에 영가를 실은 반야용선에 불이 붙자 한순간에 한 오라기 연기가 되어 허공으로 사라져간다. 가슴 깊은 곳에서 울컥하고 감정이 격해온다. 큰 소리로 목놓아 울고 싶지만, 울면 안 될 것 같다. 북받쳐 오르는 감정을 애써 참으며 스님의 독경 소리에 귀를 기울인다. '부디 극락왕생하십시오.'

장례식을 마치고도 처리해야 할 일들이 많다. 먼저 대구수필가협회 보내준 조기弔旗를 반납하기 위해 회장님을 찾았다. 장례식에 문상을 오신 회장님께 고마움의 인사를 드린다. 단 이틀만에 세상을 하직하신 아버지의 사연을 간단히 설명해 드리자 "아이고! 저런, 그런 복은 삼대三代에 걸쳐서 큰 복을 지어야 받는다는데…….” 하시면서 위로의 말을 전한다. 그렇다. 우리 집안이 삼대에 걸쳐 복을 지었는지는 모르겠지만, 마지막 가는 길에 큰 복을 주고 가셨다.

흔히 긴 병에 효자 없다고 한다. 마지막 가시는 발걸음이 더디어 투병생활이라도 길어지기라도 한다면 본인의 고생이야 말할 수 없겠지만, 남아서 병시중을 담당해야 하는 가족들의 수고도 여간 힘든 것이 아님을 많이 보아왔다. 단 이틀 동안 큰 병원 응급실에 계시다가 꿈과 같이 가신 아버지시다. 기왕에 천수를 다하고 죽을병이 들어서 가셔야 할 길이라면 애석함을 뒤로하고 훌훌 털고 가신 아버지에게 무한한 감사를 드린다. 이렇게 생각하는 것이 자식의 도리에 맞는 것인 줄은 모르겠으나. 본인 고생은 물론 남아 살아야 하는 가족의 수고로움을 덜어주신 아버지가 한편으로는 고맙고 감사할 뿐이다.

평생을 살아오면서 참으로 많은 질곡의 세월을 보내신 아버지다. 잦은 사업실패와 통이 크신 씀씀이 때문에 가족 간의 불화도 없지 않았다. 어디 우리 집 뿐일까마는 곡간에서 인심 나고 마음이 넉넉해야 효도하는 마음도 생기지 않을까. 큰 어려움을 당하여 아등바등 해결하고 한숨 돌릴 만하면 어느 날 갑자기 또 일이 터진다. 원망도 많이 하였다. 그렇게 40여 년의 세월을 살아왔다. 돌이켜보면 선대 조상님들의 적선까지는 모르겠으나 나는 마음으로 불효를 많이 저질렀고 적선이란 나에게는 가당치도 않은 말이다.그저 남 보기에 효도하는 아들같이 보였을지 모르겠으나 내 마음속에는 항상 원망하고 미워하는 마음이 가득하였다.

49재를 올리고 마지막 산소에서 매혼埋魂까지 마치고 뒤돌아서는 발길에 이름 모를 들새 한 마리가 푸드덕하고 창공을 향해 날아오른다. 이 세상에 부모 자식으로 만나 좋은 일, 궂은일이 수없이 많았다. 서재 한편에 아버지 영정 사진을 고이 모신다. 이제는 모든 것을 놓아버리고 훌훌 털고 분명 편안한 저 세상으로 가신 아버지의 영정 앞에 고개를 깊이 숙이고 무릎을 꿇는다. 주체할 수 없이 쏟아지는 눈물이 앞을 가린다. "아버지 제가 잘못했습니다. 용서하십시오." 이제는 마음껏 목놓아 울어볼 수 있다. 언제인지는 모르겠으나 나도 모든 것을 내려놓고 따라가야 할 그 길이 아스라이 눈앞에 보인다.

(2014. 12. ≪대구의 수필≫)

작은 소원

사람이 가지고 있는 예지력豫知力은 얼마나 되고 그것은 믿을 수 있는 것인가 하는 생각이 떠나지 않는다. 개인 각자에 따라 능력의 차이는 있겠지만, 예지력 그 자체를 완전히 믿을 수도, 믿지 않을 수도 없는 것 같다. 마치 신神의 존재를 긍정도 부정도 할 수 없는 것처럼 말이다.

아버지의 예지력은 얼마나 될까. 사람이 나이를 많이 먹게 되면 죽을 때가 가까웠음을 알고 이전에 하지 않은 행동을 보인다고 한다. 당신께서도 가실 날이 가까워짐을 아셨을까? 올해 설 명절을 지나고부터 아버지께서 할머니 산소를 꼭 한번 다녀와야겠다고 입버릇처럼 말씀하신다. 마치 죽기 전에 꼭 해보고 싶은 버킷리스트 같은 소원이다. 나는 지난해에도 할머니 산소를 다녀왔지만, 아버지는 내가 모시고 가지 않으면 갈 수 없는 길이다. 그러고 보면 아버지가 할머니 산소에 가본 지 꽤 오래된 것 같다.

할머니 산소는 경기도 양주 땅에 자리 잡고 있다. 옛날 우리가 서울에 살 때 할머니가 돌아가셨다. 고향 땅 상주에 있는 선산으로 모시자는 의견도 없지 않았으나 이미 떠나온 고향 땅에 애써 찾아갈 필요가 있겠느냐는 의견이 받아들여져 양주군 공원묘지에 모시게 된 것이다. 그리고 대구로 이사하였다. 그 후로 할머니 산소는 큰마음을 내어야 찾아갈 수 있는 곳이 되어버렸다. 그것도 아버지와 내가 아니면 쉽게 찾아갈 수도 없는 곳이다.

아버지의 작은 소원을 들어드리기 것이 대단히 어려운 일도 아니지만, 그렇다고 이웃 나들이하듯 선뜻 나설 수도 없는 일이다. 구순의 나이를 목전에 두신 부모님을 모시고 다녀오기에는 거리가 너무 멀다. 당연히 승용차로 모셔야겠으나 당일로 다녀오기에는 노인들의 건강이 염려된다. 그렇다고 1박2일로 다녀오기에는 여러 가지 제약요건이 너무도 많다. 이 문제를 놓고 동생들을 모아놓고 가족회의도 하였으나 뚜렷한 결론을 내지 못하였다.

음력 4월 초 열흘날이 아버지 생신일이다. 생신을 한 달 정도 남기고 드디어 결론을 내렸다. 계절적으로 가장 적당할 것 같았고 경비 문제도 동생들의 동의를 얻었다. 막내 여동생과 같이 부모님 양주 분을 모시고 할머니 산소를 다녀오기로 하였다. 부모님은 오랜만에 나들이 가신다고 새 신도 한 켤레씩을 사놓고 출발 날이 다가오기만을 기다리고 계시고 만반의 준비는 끝났다. 안될 일은 아무리 애를 써도 안 되는 모양이다. 출발하기 하루 전날 아버지께서 갑자기 설사병을 얻어 도저히 먼 길 여행을 할 수 없다는 전갈이 왔다. 자연스럽게 또다시 다음에 적당한 때에 가기로 하였다.

아버지 생신을 지나고 며칠 되지 않아 아버지께서 폐부종과 폐렴 증세로 꿈같이 이틀 만에 운명하였다. 이제 아버지 가신 뒤에는 아무리 애를 써도 아버지의 작은 소원을 들어드릴 수가 없게 되었다. 장례식을 마치고 가족끼리 환담을 하는 자리에서 누군가가 '할머니가 저승에서 아버지를 곧 만날 터인데 먼길 애써서 오지 말라고 하셨나 보다.'라고 농담으로 말했지만, 못내 가슴 한 곳이 아련하게 젖어온다.

이렇게 될 줄은 몰랐다. 아버지의 작은 소원을 들어드리지 못하고 먼 길 가셨지만, 나에게는 또 하나의 큰 숙제가 남았다. 할머니 산소를 고향 선산 밑 할아버지 곁으로 모시는 일이다. 마침 올해가 음력으로 윤달이 드는 해다. 예로부터 전해오는 풍습에 윤달이 있는 해는 조상 산소를 옮겨도 뒤탈이 없다고 한다. 추석 명절 지나고 돌아오는 윤구월에는 할머니를 할아버지 곁으로 모셔야겠다.

당신이 왜 그렇게도 할머니 산소를 가보고 싶어 했는지 짐작이 가고도 남는다. 할머니는 14살 어린 나이에 시집와서 할아버지 돌아가시기 전까지 30여 년을 사셨다. 그러나 일본 제국주의 시대 일본으로 돈 벌로 가셔서 일본에 계신 20여 년을 제외하면 두 분이 함께 사신 기간은 채 10년도 되지 않는다고 한다. 할머니 돌아가시고도 두 분의 유택이 천 리 밖 먼 곳에 떨어져 있다. 아버지가 겉으로 표현은 하지 않으셨지만, 나에게 무언의 암시를 주신 것 같아 어깨가 무거워진다. 어렵고 힘든 일이겠으나 마지막 아버지의 말 없는 유언을 지켜드려야 할 것 같다. 내 나이도 벌써 고희古稀의 고개가 멀지 않다. 언제일지는 모르겠으나 내가 마지막 이 세상과 인연을 다할 때 자식에게는 어려운 숙제를 남기지 않기 위해서 최선의 노력을 아끼지 않을 작정이다.

누구에게나 죽기 전에 꼭 해보고 싶은 버킷리스트가 있다. 그것이 큰 소원이든지 작은 소원이든지 몇 가지는 있기 마련이다. 그 소원은 이루어질 수도 있고 불가능한 것도 있을 것이다. 나도 나이가 많아져 이 세상과의 인연의 끈을 놓게 될 때 어떤 버킷리스트를 작성하게 될까. 미리부터 하나하나 챙겨서 이 세상에 미련 한 조각 남기지 말고 조용히 떠나고 싶다.

(2014. 12. ≪영남수필문학≫ 46집)

임종 臨終

"애비야, 아버지 모시고 병원에 가봐야겠다." 아침밥을 먹는 도중에 걸려온 어머니 전화였다. 연로하신 아버지이신지라 병원에 가는 일은 가끔 있는 평범한 일상사였다. 그래도 혹시나 싶어 서둘러 아침 청소를 마치고 부모님이 계시는 성주로 출발하였다. "정호냐? 오고 있지? 내가 많이 아프다. 빨리 좀 왔으면 좋겠다." 두 번째 아버지의 목소리가 손전화로 들려온다. 아무래도 분위기가 심상치 않다. 갑자기 숨이 가빠지고 마음이 조급해진다.

한 시간 남짓 달려 집에 도착하니 아버지와 어머니는 외출복으로 갈아입고 툇마루 끝에 앉아서 내가 도착하기를 기다리고 있다. 어디가 편찮으시냐고 여쭈어볼 겨를도 없이 서둘러 차로 모시고 출발한다. "대구 보훈병원으로 가자."라고 하신다. 숨이 차고 가슴이 답답하다 하시지만, 그렇게 급한 증세는 아닌 것 같아 다소 안심이다. 보훈병원으로 가는 동안에도 간헐적으로 고통을 호소하시지만, 평상시와 다름없이 이런저런 말씀도 하셨다. 아버지는 6·25 전쟁 참전용사로 국가유공자 예우를 받고 계신다. 보훈병원에서는 치료비 등 여러 가지 면에서 혜택을 받고 있으므로 대구 보훈병원 단골손님이 되었다.

대구 보훈병원에 가까워질 무렵부터 아버지는 호흡곤란을 호소하며 몸부림을 치신다. 갑자기 병세가 악화되는 것 같았다. 응급실에서의 진단은 폐부종과 폐렴 증세라고 나왔다. 더 큰 병원으로 이송하라는 의사의 권유에 구급차를 타고 대구 가톨릭대학병원으로 급히 이송하였다. 산소호흡기와 주사제로 응급처치하였으나 여전히 호흡곤란을 호소하신다. 그렇게 하루를 보냈다. 평소 심장이 좋지 않아 두 번이나 관상동맥 수술을 받으신 아버지는 가끔 호흡곤란과 흉통이 있어온 일이다. 저녁에 퇴근한 여동생에게 잠시 간호를 맡기고 늦은 밤 아내와 같이 병원으로 향했다. 그때까지도 의식은 있어서 주위의 사람들을 알아보았다.

잠시 눈을 붙이고 이른 아침 병원에 갔을 때에는 이미 의식을 잃으셨다. 단 하루 만이다. 밤새 주무시는 줄 알았는데 아침에도 깨어나시지 못하고 그냥 그렇게 의식을 놓고 말았다. 유언 한마디도 없었다. 그리고 온종일 무의식 속에 계시던 아버지는 저녁 무렵부터 혈압과 맥박이 떨어지더니 늦은 오후 7시 반에 조용히 숨을 거두셨다. 부모님 임종을 지키는 자식은 따로 있다더니 내 손을 꼭 잡고 편안한 모습으로 숨을 거두시었다. 꿈길 같은 1박2일이었다.

아버지가 운명을 지켜보고 있던 순간 갑자기 머릿속이 하얗게 되고 아무런 생각도 나지 않는다. 그렇게도 장대하고 당당했던 아버지가 단 이틀 만에 세상을 하직하셨다. 혹자는 이르기를 부모님 긴 투병에 효자 없다지만, 그래도 세상을 하직하실 때 얼마 정도는 간호도 하고 해야 한이 남지 않는다고 했다. 그렇게 쉽게 세상을 하직하실 수가 있단 말인가. 꿈속에서조차 생각해본 적이 없는 일이 벌어지고 말았다.

몇 줄의 시어詩語로 봄을 말할 수 없듯이 몇 줄의 글과 말로 한 사람의 일생을 이야기할 수는 없다. 일본 식민지 시대에 태어나서 누구나 다 어렵던 시절이라고는 하지만, 시절을 잘못 만난 적토마처럼 때로는 탄식하고 어느 때는 세상을 호령하며 거침없이 세상을 달리시던 아버지는 글로서는 도저히 표현할 수 없는 파란만장한 세상을 살다 가셨다.

호천망극昊天罔極이요 오호통재嗚呼痛哉라. 부모 가신 뒤에 효자

난다고 남는 것은 회한悔恨뿐이다. 조상으로부터 물려받은 적잖은 재산을 탕진하신 것은 차치하더라도 급하고 괄괄한 성품 탓에 잦은 사업실패에 따른 뒤치다꺼리를 감당해야 할 때는 원망과 불공한 언사도 없지 않았다. 이렇게 가시고 나면 그만인 것을…….

(2014. 12. ≪영남문학≫ 겨울호)

새알심 정성

벌써 겨울의 문턱에 들어섰는가. 이른 아침 뜰 앞에 나서니 스치는 바람결이 제법 날카롭다. 겨울이 시작되려나 보다. 내일이 동짓날이란다. 아내의 성화를 감당해내지 못해 게으르게 몸을 일으켜 시장으로 향한다. 때맞추어 오늘이 장날이다. 늙은 노파가 시린 손으로 건네주는 붉은팥 반 되와 아직 귓불에 홍조가 남아 있는 방앗간집 고운 아낙에게서는 멥쌀 섞어 곱게 빻아놓은 찹쌀가루 반 되를 샀다.

아내는 동지팥죽을 끓이겠다고 부산을 뜬다. 얼마 후 곱게 삶아진 붉은팥이 예쁜 모습으로 소쿠리에 담겨있다. 아무리 규모가 작다고 해도 영업장은 영업장이다. 찾아오고 나가는 손님 뒤치다꺼리하면서 동지팥죽 끓일 준비하랴, 이런 일 저런 일에

종일 시달린 아내의 몸이 무거워 보인다 싶더니, 나에게 새알심을 만들어보라는 지엄한 명령(?)이 떨어졌다. 어느 명령이라고 감히 거역할 마음이라도 가질 수 있겠는가. 화톳불에 엉덩이 덴 송아지처럼 벌떡 일어나 밖으로 나간다. 깨끗이 손을 씻고 들어오니 뜨거운 물로 곱게 반죽해 놓은 쌀가루 덩어리가 내 앞에 척하니 놓인다.

처음 해보는 일이다. 지난해까지만 해도 당신 혼자서 다하던 일이다. 그래도 재미있을 것 같아 군소리 없이 다가앉는다. 먼저 큰 덩어리에서 한 주먹 정도 되게 떼어 내어서 손으로 주물러 길쭉하게 만들고, 다시 조금씩 떼어내어 손바닥에 놓고 살살 돌려가며 비빈다. 꼭 우리 어머니가 삼신할미나 조왕신에게 치성드릴 때 하는 비손과 같다. 그래 됐다. 그까짓 새알심 만드는 것쯤은 일도 아니다.

새알심 만들기에 열중할 무렵 손바닥에서 사각사각 소리가 난다. 시간이 지남에 따라 고운 쌀가루가 손바닥에 말라붙어 마찰음이 내는 소리다. 갑자기 경건한 마음에 옷깃이라도 여미고 싶어진다. 그러고 보니 올해에는 우리 집안에 많은 일이 지나갔다. 대가족으로 한 해를 살다 보면 기쁜 일도 있겠고, 궂은 일도 항상 있어온 일이지만, 큰 걱정을 가져오는 우환이 두 번씩이나 있었다.

미수米壽를 눈앞에 두신 부모님이 계시니 노인네 잔병치레로 병원 출입쯤이야 늘 있는 일이다. 아무리 그렇다 해도 지난가을 끝 무렵 아버지께서 중병으로 고생하셨다. 삶과 죽음의 고비를 넘나들며 이십여 일을 넘게 대학병원 중환자실에 계셨으니 당신은 물론이요, 온 집안이 비상상태가 되었었다.

그보다 더 어렵고 힘든 일도 있었다. 여름 초엽에 건강하고 잔병치레 없는 아내가 탈이 나고 말았다. 애초에는 병이 난 줄도 몰랐다. 그냥 신경이 예민해져서 짜증을 자주 부리는 줄로만 알았다. 그러다 어느 날 자세히 살펴본 아내의 얼굴과 눈빛이 달라져 있었다. 초저녁 잠보였던 아내는 잠도 잘 자지 못한다. 게다가 사소한 일에도 사람을 의심하고 신경질을 부리는 일이 잦아졌다. 이러다 큰일이라도 나겠다 싶어 아내를 달래어 신경과의원을 찾았다. 우울증증세라고 한다. 많은 생각이 머릿속에 가득하다. 그렇게 심성이 곱고 참하던 아내가 우울증에 걸리다니 모두 내 잘못이다. 팔공산 후미진 골짜기에 혼자 남겨두고 바람처럼 밖으로만 나돌아 다닌 내 죄로 말미암음이다.

여기저기 수소문을 해본다. 우울증도 일종의 정신상태 이상으로 찾아오는 병이라고 했다. 아무래도 정신과병원을 찾아가야 할 것 같다. 그래도 정신병원을 간다는 것이 께름칙하게 생각된다. 조심스럽게 넌지시 아내에게 운을 떼어보니 예상 외로 순순히 따라나선다. 해서 4개월 가까이 약물 치료를 하였다. 다행스럽게도 상태가 매우 호전되었다. 담당의사도 초기에 잘 치료하였다고 칭찬이 대단하다.

새알심을 만드는 손에 더욱 정성이 담긴다. 어느 한 해 가족의 건강이 중요하지 않은 해는 없었지만, 아내와 내가 정성껏 만들어 맛나게 잘 쑤어놓은 동지팥죽 한 그릇씩 뚝딱 먹어치우고, 내년에는 우리 가족 모두가 모든 액운을 물리치고 더욱 건강했으면 참 좋겠다.

'휘이! 잡귀들아 썩 물렀거라!!!'

(≪대구문학≫ 2012. 5~6월호)

팔공산 일기

입춘절 지나 제법 따뜻해진 2월의 어느 봄날 오후다, 아직은 인적이 드문 팔공산 길을 혼자서 걷고 있다. 빠르지도 느리지도 않은 걸음으로 산길을 오르며 주위에 시선을 준다. 들풀과 땅은 온 겨울을 보내면서 메말랐고, 나무는 벌거벗은 몸뚱이로 인고의 삶을 기다림으로 세월을 죽이고 서있다.

젊은 시절 한때, 어느 종교에 심취하면서 인간의 '예정론'과 '자유의지론'에 대하여 깊은 고민에 빠진 적이 있었다. 지금은 나는 어디에서 왔다가 어디로 가는가에 대한 답을 찾으려고 나름대로 애쓰며 살고 있다.

팔공산 자락 한 귀퉁이를 차지하고 거기에 사랑채 하나 열어놓고 살고 있는지도 벌써 6년의 세월을 보냈다. 이곳으로 오기

전까지만 해도 상상조차 할 수 없는 생활이다. 도대체 어떤 인연으로 이곳 깊은 산골까지 흘러들어와 살게 되었을까?

많은 욕심 때문에 아등바등 살지 말고 쉬엄쉬엄 쉬어가라는 운명일까? 그도 아니라면 물처럼 바람처럼 청빈의 삶을 살아가라는 성현의 뜻일까? 아무리 생각해봐도 아둔하기만 한 내 머리로는 도저히 답을 찾지 못하겠다.

그래도 봄 햇살 반짝이면 씨앗 뿌려 남새밭 가꾸고, 가끔 찾아와 숭어뜀을 뛰는 고라니와 눈 맞추고, 앙증맞은 다람쥐의 재롱에 빠지며, 사랑하는 아내 곁에서 조용히 살고 싶다.

(* KBS대구방송총국 제2라디오 '박은정의 가요앨범'의 중
'토요수필'에 방송(2012. 3. 10.)

2부

나눔의 미학

드림티처

"선생님, 이거 받으세요." 작열하는 여름 햇빛에 까맣게 그을린 피부와 단발머리에 평범하게 생긴 초등학생 소녀가 내민 손에는 비닐 껍질에 싸인 알사탕이 하나 들려 있다. 소녀의 손이 통통하고 귀엽다. 반짝이는 소녀의 눈에는 수줍음이 묻어난다. 처음 맞게 되는 돌발 상황에 이것을 받아야 하나, 받지 말아야 하나 망설여진다. 결국 사탕을 받았다. 따뜻한 소녀의 체온이 전해진다. 가슴속에서 울컥하는 감정이 올라온다. 내당초등학교 4학년 현진이란다.

초등학교 시절, 새 학기가 때면 선생님들이 새로 부임해 오는 경우가 많았다. 학기 첫 조회시간에 교장 선생님이 새로 부임해 오는 선생님을 소개할 때마다 혹시 내가 아는 친척은 아닌지 까치발돋움을 했다. 그러다가 갑자기 부산에 사시는 숙부님이 선생님으로 부임해 오시는 것 같은 허망한 꿈을 꾸기도 했다. 시간이 흐르고 그 꿈이 현실로 이루어질 수 없다는 것을 알게 되면서부터 내 꿈이 바뀌었다. 내가 커서 선생님이 되는 것이다.

초등학교 어린 시절 꿈이 현실로 되는 경우는 하늘의 별 따기보다도 더 어렵다고 한다. 점점 기울어져 가는 가세에 제대로 중학교도 입학할 수 없는 형편이었으나, 겨우 숙부님의 도움으로 중학교에 갈 수 있었다. 학교 선생님이 되겠다는 꿈이 얼마나 허망한 꿈인가를 알게 된 것도 이때였다. 항상 '촌놈'이라는 불명예스러운 별명을 달고 중학교를 졸업하였고, 고등학교는 끝내 졸업장을 손에 쥐어보지도 못했다. 이럴 때 꿈은 꿈으로 끝날 때 더욱 크게 느껴졌고 이루어지지 않은 꿈이 더 아름다운 법인지도 모른다. 나에게 선생님이라는 직함은 항상 존경의 대상이었고 그 이름만으로도 좋았다.

퇴직하고 딱 10년째가 되는 올해 초봄, 희망과 꿈을 가득 담은 새싹이 파릇파릇하게 돋아나는 계절이다. KT문화재단에서 KT동우회의 협조를 얻어 퇴직 사우를 대상으로 ICT(Information COmmunication Technology) 즉, 정보통신기술 역기능 강사 모집을 한다는 기별을 받았다. 모 기업인 KT에서 지식 나눔 프로젝트의 일환으로 발전해 가는 인터넷과 스마트폰의 역기능에 대한 예방교육과 인터넷, 스마트폰의 올바른 사용을 위한 강사 모집이었다. 급한 성격 그대로 조금도 망설임 없이 응시원서를 제출하였다. 응시원서를 제출해 놓고도 나이가 많은 것이 마음에 걸려 걱정이다. 귀(耳)가 순해진다는 나이를 넘기고 과연 합격할 수 있을까 하는 두려움이 앞선다. 그래도 다행으로 생각되는 점은 직장생활을 하면서 쌓아온 대학원 졸업 석사학위의 학력과 수필가로 활동하면서 공부를 손에서 놓지 않았다는 점이다. 거기에다 젊은 시절 웅변가로, 대학과 대학원 학생회장으로 다져온 발표력은 결코 남에게 뒤지지 않는 편이라 위안이 된다. KT 대전 인재개발원에서 1차 기본교육을 마치고 2차 집중교육과 강의 능력 테스트 과정을 거쳐 정말 어렵고 힘들게 '드림티처'라는 강사 자격을 부여 받았다. 글자 그대로 꿈의 선생님이 된 것이다. 드림티처는 초, 중, 고등학교 청소년 학생들을 대상으로 강의를 맡게 된다.

강의 자료는 KT문화재단에서 파워포인트로 제작되어 강사들에게 일괄 배부되었다. 강의 자료를 수도 없이 들여다보고 동작기능과 강의 설명 시나리오를 익혔다. 영진고등학교에서 시행하는 기성 강사의 강의에 참관교육까지 마쳤다. 서둘러 사설 컴퓨터 학원에 등록하여 파워포인트 실무에 대한 교육도 별도로 받았다. 드디어 기다리던 첫 강의 일정이 잡혔다. 처음 학생들 앞에 서서 강의를 한다는 생각에 들렁들렁하여 밤잠을 설쳤다. 처음 강의를 하게 된 곳은 대구시 서구 내당동에 있는 트리니트 지역아동센터이다. 지역아동센터라는 곳을 처음 가 보았다. 전국에 수없이 많이 있다는 지역아동센터는 비록 초등학교에 다니고 있지만, 가정형편이 어려워 방과 후 학원이나 취미활동을 제대로 할 수 없는 아이들을 모아 저녁시간까지 돌보는 자선단체다. 그러고 보면 대체로 영세민 자녀들로서 아버지나 어머니 한쪽이 없는 편부, 편모 밑에서 자라고 있거나, 부모 없이 할아버지나 할머니와 같이 살고 있는 조손 가정인 경우가 많다. 영세하고 불우한 가정에서 자라는 아이들이 많다. 이러한 가정환경에서 자라는 아이들일수록 나쁜 유혹에 빠질 확률이 상당히 높다. KT문화재단에서는 전국에 산재되어 있는 지역아동센터의 협조를 받아 ICT 역기능 교육을 하기로 하고 이제 첫발을 내딛는 우리에게 강의를 위탁한 것이다.

처음 하게 되는 강의만으로도 떨리고 가슴이 두근거리는데 하늘에서 내려온 천사를 보았다. 먹고 싶은 알사탕 한 알을 먹지 않고 선생님에게 건네주는 현진이다. 맨 앞자리에 앉아 있는 귀여운 현진이와 눈을 자주 맞추며 첫 강의를 무사히 마쳤다. 첫 강의를 무사히 잘 마쳤다는 기쁨과 함께 나도 선생님이 되었다는 긍지와 자부심에 가슴이 뿌듯해진다. 뒤이어 대구 시내에 있는 몇몇 아동센터 강의에 이어 안동, 칠곡 지역까지 출장 강의가 이어졌다.

'선생님의 뭐는 개도 안 먹는다.'라는 말이 있다. 어떤 직업에도 애로사항은 있는 법이다. 선생님이라고 별수 있겠는가. 남에게 말로 다 표현할 수 없는 어려움과 애로사항이 많을 것이다. 강의 시간에 집중하지 않고 딴 짓을 하는 것은 예사로운 일이고 시도 때도 없이 자드락거리며 엉뚱한 질문으로 수업 분위기를 망치는 아이들도 있다. 그들을 다독거리며 분위기를 살려 강의를 이어간다. 50분간 진행되는 강의에 낯선 단어와 외래어들이 그들에게 부담이 될 수도 있을 것이다. 그러나 문제를 일으키는 학생들보다는 착하고 얌전한 아이들이 더 많았다. 총명한 눈망울을 크게 뜬 채 시선을 모으고 선생님의 질문에 손을 들어 꼬박꼬박 아는 대로 대답하는 똑똑한 아이들이 귀엽다. 그들을 볼 때마다 용기와 힘이 솟아난다.

자라나는 청소년은 희망이고 꿈이다. 그들이 올바르고 훌륭하게 자랄 때 우리의 푸른 희망과 꿈은 이루어진다. 내가 '드림티처'라는 선생님으로 청소년 앞에 언제까지 서게 될지는 가늠할 수 없지만, 그동안 결코 짧지 않고 편안하지만은 않은 질곡의 세월을 살아오면서 나름대로 쌓아온 지식과 경험을 되살려 열정적으로 그들 앞에 서고 싶다. 내일은 그동안 강의를 주로

해온 지역아동센터를 떠나 대구 수성구 매호동 매동초등학교에 강의 일정이 계획되어 있다. 드디어 때가 왔다. 진짜 프로 선생님들 앞에서 훌륭한 강의를 하고 싶다는 욕망과 열정에 강의 자료를 챙기는 손길에 정성을 더한다. 오늘 밤에는 편안한 잠을 이룰 수 있을 것 같다.

(2013. 10. ≪수필과비평≫ 144호)

스마트 강사(1)

‘아차, 큰일이다!’ 드디어 큰일을 저지르고 마는가 하는 조바심에 가슴은 두방망이질이고 입술은 바싹 바싹 말라온다. 이럴 때는 어떻게 해야 하는지. 온몸의 신경이 곤두선다. 조금만 신경을 더 썼어도 이런 일은 없을 것이다. 너무 안이한 생각이 화를 불러오고 말았다. 어느 정도 아는 길이라고 편안하게 생각하고 짐작이 앞섰던 것이 화를 불렀다. 이런 일은 처음 겪어본다. 초롱초롱한 눈망울로 나를 응시하는 젊은 눈들이 눈앞에 선하게 밟혀온다.

대구에서 부산이 가까운 거리가 이니므로 사전에 정보담당 교사와 충분히 통화를 하였다. 말띠해도 저물어 가는 12월 어느 날. 대구-부산간신고속도로를 질주하고 있다. 부산 구포 상정고등학교로 가는 길이다. 처음 구포라는 지명에 낯이 익었다. 대구에서 기차를 타고 부산으로 가지면 밀양 지나 삼랑진이고 다음이 구포다. 구포를 직접 가보지는 않았지만 자주 다녀본 기차여행에 익숙한 지명이다. 대구에서 출발할 때 자동차 내비게이션에서 120km라고 가르치고 있다. 두 시간이면 충분하리라 생각했다. 13시 30분부터 강의가 시작되니 역으로 계산하여 11시에 출발하면 충분하다. 그래도 30분의 여유를 가지고 10시 반에 출발하였다. 막힘없이 잘 소통되는 고속도로를 달리는 기분이 상쾌하다. 청도 새마을 휴게소에서 간단한 점심 요기를 하고 가기로 하였다. 출발한 지 30여 분만이다. 간단한 요기를 하고 느긋한 마음으로 차에 오른다.

밀양을 지나고 삼랑진나들목을 통과하였는데도 아직 멀었다. 혹시나 싶어 부산 구포에서 직장생활을 하는 아들에게 전화를 해보았다. 아직 멀었단다. 대동 분기점을 지나서 덕천나들목으로 나와야 한단다. 아차! 싶었다. 먼저 시간을 보고 내비게이션의 거리를 확인한다. 서두르면 시간 내에 도착할 것도 같았으나 이때부터 조바심이 나를 놓아주지 않는다. 가속페달에 힘을 준다. 덕천나들목을 빠져나오는 순간 30여 분의 시간이 남았다. 구포는 지나쳐 가기만 했던 도시다. 구포라는 지역이 이렇게 발전하고 번창할 줄은 꿈에도 몰랐다. 수많은 신호등과 자동차의 행렬이 꼬리가 잡고 놓아주지를 않는다. 10km 남은 거리가 천 리 길보다 더 멀게 느껴진다. 좌회전 우회전을 해야 하는 진행로는 자동차들로 막히기 일쑤다. 등에서 식은땀이 흐리다 못해 얼굴에 불이 확확 달아오른다. 이번 강의는 전교생을 대상으로 하는 방송강의로 계획되어 있다. 만일 방송 강의 시간 내에 도착하지 못하면 상정고등학교 전교생의 수업에 차질이 생긴다. 급한 마음에 슬쩍 신호위반도 감행하면서 내비게이션에 눈을 맞춘다.

지난해였다. 전에 근무했던 직장인 KT그룹 희망나눔재단에서 퇴직자를 대상으로 청소년을 대상으로 하는 드림티처 강사 모집이 있었다. 두 차례의 오리엔테이션과 강사 실기 테스트를 거쳐 어렵게 강사로 선발되었다. 하루가 다르게 발전하는 통신수단과 여기에 수반된 '인터넷 및 스마트 폰의 역기능' 및 '개인정보보호'에 관한 내용을 Power point를 이용하여 강의하는 것이다. 초등학교, 중학교, 고등학교는 물론이고 지역 아동센터와 문화센터 등 청소년들이 모이고 강의를 원하는 곳이면 어디라도 달려가서 열심히 강의하였다. 물론 강의를 듣는 연령층에 따라 강의 내용도 조금씩은 다르다. 금년부터는 스마트 강사로 이름이 변경되었다. 그러고 보면 2년 동안 참으로 많은 곳에서 강의를 하였다. 학교나 단체에서 초청 강의를 하였고 때로는 문학 활동을 같이 하는 교장, 교감 선생님들께 부탁을 드려서 강의를 하기도 하였다. 처음에는 대구, 경북을 대상지역으로 하였으나 어쩌다 보니 금년 말에는 부산, 경남까지 보폭을 넓히게 되었다. 대구, 경북을 떠나 처음 창원 상남중학교에서 전교생을 대상으로 강의를 무사히 잘 마쳤다. 이번 구포 상정고등학교가 두 번째다.

어렵게 상정고등학교에 도착하였다. 강의 시작 10분 전이다. 다급해진다. 방송시설과 USB를 맞추어 시연해보는 시간도 필요하다. 급히 담당선생님과 통화를 하며 운동장을 가로질러 달린다. 정보담당교사가 현관까지 마중을 나온다. 수업 시작이 13시 45분부터라고 한다. 휴! 살았다. 긴 한숨이 나온다. 귀중한 15분의 시간을 벌었다. 교감선생님께 인사를 드리고 방송실로 직행한다. 방송담당 선생님과 정보담당 선생님이 미리 준비를 하고 계신다. 전문가 선생님들답게 USB를 연결하는 순간 아무 말썽 없이 구동이 잘 된다. 난방도 시원찮은 방송실인데도 이마에 송골송골 솟아오른 땀방울을 손수건으로 훔친다. 곁에 계신 선생님이 빙그레 웃으신다. 대구에서 왔노라고, 낯선 길이라서 시간이 많이 걸렸다고 변명 아닌 변명을 늘어놓는다.

드디어 방송 강의 시작 시그널이 온다. "상정고등학교 학생 여러분 안녕하세요? 저는 오늘 여러분에게 개인정보보호교육을 맡은 KT그룹 희망나눔문화재단 스마트 강사 김정호입니다. 학생 여러분 제 이름 혹시 어디서 들어보시지 않으셨어요? 예, 옛날 대동여지도를 만드신 고산자古山子 김정호 선생님과 동명이인同名異人이랍니다." 강의는 매끄럽고 순조롭게 진행되었고 예정된 45분 강의를 무사히 마쳤다. 오늘 하루 몇 시간이 꿈길 속에서 헤맨 것 같았다. 온몸에 힘이 다 빠진다. 누구를 탓하겠는가. 지레짐작으로 낯선 길을 조심성 없이 나선 내가 죄인인 것을…….

올해 강의는 여기까지가 끝이다. 마지막 강의에서 혼쭐이 단단히 났다. 그래도 내년을 다시 기약해본다. 어쩌다 보니 나이만 먹어 인생 70고개가 코앞에 걸렸다. 공자는 논어에서 일흔의 나이를 종심從心이라고 했다. 즉 이 나이에는 어떤 이를 하더라도 규범에 어긋나지 않으리라는 뜻이다. 내 비록 공자 말씀대로 일흔의 나이를 살지는 못할지라도 아직은 끓는 젊음의 피가 흐르고 있어 초롱초롱한 눈망울을 마주하며 새로운 정보를 전해주고 싶은 뜨거운 열정이 있다. 다가오는 2015년 청마의 해에는 또 어떤 인연들을 만나게 될까.

(수필과비평작가회의 동인지. ≪어둠 깊을수록 더욱 빛나지≫ 2015. 8. 20.)

스마트 강사(2)

'똑딱!' 휴대전화의 문자메시지 도착 알림 소리가 경쾌하다. 기다리던 소식이 드디어 왔나 보다. 기대에 부푼 마음으로 메시지를 확인한다.

"교수님, 안녕하세요! 희망나눔재단 송현준 팀장입니다. 2015년 5월 교육일정을 보내 드립니다. 강의가 가능하신 일정에 체크해 주시면 교수님들께 배정해 드릴 예정입니다." 이번 달에는 전국적으로 103개 학교에서 신청을 하였다. 대구 · 경북 지역을 중심으로 10여 개 학교 14시간을 선정하여 강의 신청을 한다. 며칠 후면 재단에서 강의할 학교를 배정하여 보내줄 것이고 나는 거기에 맞추어 강의하겠지.

어릴 때의 꿈이 학교 선생이 되는 것이었다. 소년의 꿈은 단지 꿈일 뿐이었다. 꿈은 잊은 채 어쩌다 보니 체신부 기술직 공무원이 되었고 회사가 한국통신(KT)으로 전환되면서 KT 직원이 되었다. 35년의 결코 짧지 않은 세월을 직장에서 보냈다. 때가 되어 2003년에 퇴직을 하고 10여 년 동안을 화려한 백수로 살아왔다. 선생이 되겠다던 생각은 잊은 지 오래되었고 나에게는 결코 이루어질 수 없는 꿈이 되고 말았다.

백수로 10년을 보내고 있을 때 꿈같이 찾아온 행운이었다. 2013년 봄 KT그룹 희망나눔재단에서 KT동우회의 협조를 얻어 KT 퇴직 사원을 대상으로 재능기부사업인 ICT(Information Communication Technology) 강사, 즉 정보통신기술 역기능 강사 모집이 있었다. 전국에서 많은 퇴직 사원들이 응시하였다. 나 역시 망설임 없이 응시하였고 1, 2차 교육에 이어 강의 테스트까지 받고 난 후에 어렵게 강사 자격을 취득하였다. 그리고 드림티처라는 강사의 길이 시작되었다. 학교의 정규직 선생님은 아니지만 각 초, 중, 고등학교를 찾아다니며 학생들에게 인터넷과 휴대전화의 역기능 및 개인정보보호에 관한 강의를 하는 것이 주된 임무이다. 2013년 첫해에 18개 초, 중, 고등학교와 단체를 대상으로 강의하였다. 나름대로 성과가 좋았다.

2014년부터 스마트 강사로 명칭이 바뀌었다. 또 한 해를 부지런하게도 다녔다. 16개 학교와 단체를 대상으로 강의하였다. 새로운 것을 받아들이려고 잠시도 눈길을 놓지 않는 초롱초롱한 눈망울을 잊을 수 없다. 어느 학교에서는 전교생을 강당에 모아 놓고 강의를 할 때도 있었고, 때로는 10여 명도 채 안 되는 지역 아동센터에서 강의를 하기도 하였다. 수강생이 많든 적든 상관이 없다, 단 한 사람이라도 강사가 전해주는 매시지를 올바르게 받아들이는 자세가 중요하다.

대구 대청초등학교 교감 선생님을 찾아갔다. 외손자 두 녀석이 다니는 학교다. 교감 선생님께 강의에 대한 취지를 설명해 드렸다. 흔쾌히 6학년 두 개 반씩 묶어 3시간, 5학년 두 개 반을 묶어 1시간 강의를 신청해 주셨다. 두 번째 날부터 큰외손자인 황인기 외할아버지가 강의를 한다고 학생들 사이에 소문이 자자하였고 외손자녀석들은 어깨에 힘이 잔뜩 들어갔다. 그리고 년 말에는 교장 선생님으로부터 우수 재능기부 학부모로서의 감사장도 받았다.

모든 일이 순조롭기 만한 것은 아니었다. 왜관 중앙초등학교 4~6학년 학생을 대상으로 하는 강의가 있었다. 강당에 4백여 명의 학생들과 선생님들이 모였다. 교장 선생님도 직접 참관을 하였다. 가는 날이 장날이라고 큰 일이 나고 말았다. USB는 정상적으로 가동하여 PC까지는 화면이 잘 나오는데 빔프로젝트가 말썽을 부린다. 파워포인트로 전송되는 화면이 나타나지 않는 것이다. 정보 담당선생님들이 우왕좌왕 동분서주해 보지만 도저히 해결될 기미가 보이지 않는다. 2013년에도 한 차례 강의를 한 적이 있는 학교인데 도저히 손 쓸 방법이 없다. 오히려 교장 선생님이 더 미안해하신다. 그렇다고 강의를 하지 않을 수도 없다. 조그마한 노트북 하나 켜 놓고 육성으로 강의를 하는 길밖에 도리가 없다. 그 후에도 대구문인협회에 소속되어 있는 교장, 교감 선생님들께 부탁을 드려서 몇몇 학교에 강의 섭외를 하기도 하였다.

이때까지는 면 대 면 강의를 하였다. 지난해 9월 대구 안심중학교에 강의 일정이 잡혔다. 담당 선생님과 통화를 하니 방송으로 강의를 해야 한다는 것이다. 난생 처음 방송강의를 하게 되는 것이다. 드디어 카메라 앞에서 섰다. 긴장감에 심장을 멎을 것만 같다. 한편으로는 멋쩍기도 하다. 좁은 방송실에 혼자 앉아 강의를 한다는 것에 온몸의 신경이 바짝 긴장하고 입은 왜 이리도 바짝 바짝 말라오는지 모르겠다. 그래도 방송 강의를 무사히 마쳤다. 하늘이라도 날아가고픈 심정이다. 마치 방송국의 유명한 아나운서라도 된 듯한 기분이다. 교장 선생님도 잘했다고 칭찬을 아끼지 않으신다. 휴! 살았다.

지난해 말에는 경남 창원의 상남중학교와 부산 구포 삼정고등학교까지 강의 영역을 넓히게 되었다. 대구, 경북 지역은 그런대로 지형에 익숙하여 학교를 찾아가는 길이 어렵지는 않았다. 허나 창원과 부산은 차원이 달랐다. 처음 찾아가는 낯선 도시다. 나름대로 시간을 넉넉하게 출발하였으나 예상외로 많은 시간이 소비되어 하마터면 강의 시간을 맞추지 못할 아찔한 순간도 있었다.

머리 좋은 사람은 노력하는 사람을 당해내지 못하고 노력하는 사람은 즐기는 사람을 이기지 못한다는 말이 있다. 늘그막에 학생들 앞에 서는 강사가 되었지만, 사전에 준비된 교안을 몇 번이고 다시 보고 담당선생님과 전화와 문자메시지로 사전 연락을 취한다. 비록 4~50분 강의라도 최선을 다하는 모습을 그들에게 보여주고 싶다. 지하철을 공짜로 탄다는 지공선사가 된 지도 어언 3년. 황혼의 나이에 자라나는 청소년들이 내 강의 한 마디라도 기억하고 올바르게 자라나는데 도움이 된다면 더는 바랄 것이 없다. 스마트 강사의 길이 언제까지일지는 알 수가 없지만, 마지막 열정을 다하고 싶다. 내일은 경남 거창군 웅양면 웅양초등학교에서 강의하기 위해 오늘도 노트북과 카메라 USB 등을 챙긴다. 멋지게 잘하고 와야지. 아자 아자 아자!

(KT동우회 동인지 ≪향기로운 삶≫ 2015년 여름호)

건망증이 사람 잡네

아이고머니, 엄마야! 이 일을 어째. 입에서는 연신 장탄식이 나오고 하늘은 노랗다. 가슴은 두 방망이질에 머릿속은 온통 하얗게 비었다. 어찌해야 좋을지 앞뒤를 가릴 수가 없다. 이럴 때일수록 정신을 차려야 한다고 생각은 하고 있지만, 손이 떨려서 휴대전화기조차 제대로 잡히지 않는다. 아직은 그럴 나이가 아닌데 건망증인가. 이놈의 건망증이 사람을 잡는다. 시집가는 날 등창 나고 장가가는 신랑이 뭐 떼어놓고 간다고 내가 딱 그 꼴이 되고 말았다. 강의하러 가면서 가장 중요한 가방을 사무실에 놔두고 몸만 부지런히 달려왔다.

아예 처음부터 잊고 왔다면 변명의 여지라도 있을 터이지만, 아침에 사무실에 들러 꼼꼼히 가방을 챙겼다. 노트북에 전원선,

마우스도 확인하고 연락처를 적은 노트도 가방에 넣었다. 무엇보다 중요한 USB도 어김없이 챙겨 넣었다. 그래게 해놓고 출발시각이 이르다고 조간신문을 뒤적이다 가방은 그냥 사무실 한쪽 구석에 놓아두고 몸만 차에 싣고 오고 말았다. 한두 번 다니는 강의도 아니다. 햇수로 3년 차에 60여 회가 넘는 강의를 다니면서 이런 낭패는 처음이다. 250여 명의 학생의 초롱초롱한 눈동자가 눈앞에 어른거린다. 가까운 거리도 아니고 경주 외남에 있는 삼성생활예술고등학교까지 와서야 가방을 가지고 오지 않았다는 사실을 확인하였다. 큰일도 보통 큰일이 아니다. 강의는 프레젠테이션 형식으로 진행되므로 USB가 없으면 도저히 어떻게 할 수가 없다.

궁즉통窮卽通이요, 하늘이 무너져도 솟아날 구멍은 있다고 했다. 아직 강의 시간까지는 40여 분 남았다. 대구 동료 강사들에 급하게 전화를 한다. 친하게 지내던 강사 두 사람 모두 전화를 받지 않는다. 몇 번 통화를 시도한 후에야 한 친구가 겨우 전화를 받는다. 자초지종을 이야기할 틈도 없이 다급하게 PT 자료를 보내줄 수 있느냐고 요청을 한다. 자기는 외부에 나가 있어 보내줄 수는 없고 자기 E-메일 클라우드에서 자료를 내려받으라고 한다. 그래도 미심쩍고 자신이 생기지 않아 여성강사에게 또 전화한다. 마침 집에 있단다. 구세주도 이런 구세주는 없다.

다급하게 상황을 설명하고 강의 자료를 E-메일로 보내달라고 요청한다. 그러겠단다. 조금은 안심이다. 무조건 빈손으로 학교 교무실로 향한다. 부끄럽지만 어쩔 수 없다. 설명을 듣고 나신 선생님께서 급히 PC 있는 쪽으로 안내한다. 학교 PC가 교육청의 오프라인 PC인 줄을 미처 몰랐다. 동료 메일에서 클라우드 확인이 안 된다. 다시 내 E-메일을 확인한다. 다행히 여성 강사님이 보내준 자료가 있다. 급하게 내려받는다. 화면이 정상적으로 열린다. 이제 됐다. 하늘이 도와주었다. 시간이 10여 분밖에 남지 않았다. 강당으로 향하는 발걸음이 가볍다. 정보담당 선생님의 강사 소개가 끝나고 PT 화면을 띄운다. 모든 화면이 정상적으로 작동한다. 예나 다름 없이 열성적으로 학생들 앞에서 무사히 강의를 마치고 뒤돌아 나오는 발걸음이 가볍다. 점심시간을 한참이나 넘겼는데 배고픈 줄도 모르겠다. 돌아오는 길에 건천휴게소에 도착하여 겨우 라면 한 그릇으로 끼니를 때운다.

휴! 십 년 감수했다. 건국 67주년 제헌절 날에 이게 무슨 망신이란 말인가. 우리나라가 해방이 되고 건국된 나이보다 나이를 더 많이 먹은 탓일까. 건망증인지 노망인지 분명하지는 않지만, 다시 정신을 가다듬고 사무실로 돌아와 얌전하게 책상 위에 앉아있는 가방을 쳐다본다. 쓴웃음밖에 나오지 않는다. 왜 나를 두고 가서 그 고생을 했느냐고 위로를 하는 듯하다. 내 나이가 어때서 라는 말로 위안해 보지만, 그래도 해서는 안 되는 실수로 하루를 어떻게 보냈는지 모르겠다. 이번 실수를 반면교사로 삼아 좀 더 차분한 마음으로 하나하나 꼼꼼하게 챙겨서 다음 강의에 대비하고자 다시 한번 마음을 다진다.

강의는 계속되어야 한다. 다음 주에는 의성 가음초등학교와 대구 매곡초등학교 강의가 기다리고 있다. 올해 상반기 마지막 강의다. 고희古稀를 코앞에 둔 지금, 눈망울이 초롱초롱한 손자 같은 학생들이다. 맑고 투명한 그들의 눈망울이 좋고, 이슬처럼 투명하고 순수한 그들의 모습이 좋다. 그들에게서 희망을 찾는다. 늘그막에 큰 복이 터져서 그들 앞에서 강의를 할 수 있다는 자긍심에 내 코가 한 자는 더 높아진 것 같다. 심장은 쉴 틈도 없이 두근거린다.

아자! 아자! 김정호 스마트 티처 힘내자. 파이팅!

(2015년 KT 문예회)

수필 쓰기

오늘도 애꿎은 컴퓨터만 켰다 끄기를 반복한다. 글을 쓰고 싶은 욕망은 간절한데 강박관념에 사로잡혀 글이 되지를 않는다. 머리가 지끈거리며 아파져 온다. 그러다가 몇 줄의 글도 채우지 못하고 또 지운다. 도대체 마음의 갈피를 잡지 못하겠다.

글쓰기를 포기하고 상념에 잡힌다. 이 생각 저 생각에 머리는 더 아프다. 그래도 포기할 수 없어 새로운 소재를 찾기 위하여 책을 펴든다. 월간지로 발행되는 수필 전문 문학지다. 이름이 잘 알려진 선배 수필가들의 글을 찾아 읽는다. 아차! 이거구나 하고 컴퓨터 앞에 다시 앉지만 단 석 줄의 글쓰기 진도도 나가지 못하고 또 막히고 만다.

세찬 바람이 불어온다. 거센 바람 소리에 창문 덜컹대는 소리가 예민해진 신경을 마구 자극한다. 팔공산 바람은 유난히도 거세다. 산바람을 마주하고 견디어낼 용기가 없어 밖으로 나갈 엄두도 내지 못하고 서재에 틀어박혀 있다. 담배라도 한 대 피웠으면 좋으련만 금연을 선언한 지도 1년이 넘었으니 마른 침만 삼키며 애써 참아본다.

이대로는 도저히 견디지 못하겠다. 용기를 내어 방한모에 두꺼운 외투를 걸치고 마스크에 털장갑으로 단단히 무장하고 밖으로 나선다. 팔공산 겨울 산바람이 매섭다고는 하지만 아무렴 까짓 바람에 날려가기야 할까 하는 객기도 한 몫을 거든다. 산모롱이를 돌아가는데 숨이 턱까지 차오른다. 그래도 상념의 조각들을 줍고 버리기를 반복한다. 갑자기 조금 전에 버린 생각의 조각들이 세찬 겨울바람에 오들오들 떨고 있을 것 같아 불쌍한 생각이 머리를 스친다.

수필가라는 이름을 가슴에 달고 살아온 지도 벌써 6년의 세월이 흘렀다. 낯선 사람을 만나 수인사를 나눌 때는 어김없이 '수필가 ○○○'라는 글자가 박힌 그럴듯한 명함을 내밀어 나를 알렸다. 솔직히 말해서 다른 직함이나 명함이 없는 것도 아니지만, 그래도 수필가라는 직함이 가장 그럴듯해 보여서 이 명함을 주로 이용하고 있다.

차츰 마음의 평정이 찾아온다. 오랜만에 갖는 한가한 시간에 나를 돌아본다. 거만함과 자만심이 도를 넘어 하늘을 우롱하고 있었다. 한 달에 한 편을 글도 쓰지 못하는 주제에 허울뿐인 수필가라는 명함만 남발하고 다녔다. 도대체 나는 누구이며, 내 정체성은 무어란 말인가. 한심하다는 생각에 주위를 살핀다. 다행히 손가락질하며 비웃는 눈길은 없지만, 침묵의 시간으로 인고의 겨울을 버티고 서 있는 나무들에게 미안해져 고개를 깊이 숙이고 만다.

나 스스로 내가 대단한 예술가라고 생각해본 적은 없다. 그냥 평범한 삶을 살아가는 서민으로서 한 가닥의 생각을 정리한 글을 사랑할 뿐이다. 그 글을 쓰기 위해서 오늘도 이런 방황을 계속하고 있다. 그래도 내일은 산뜻한 글감 하나 찾아서 좋은 글을 쓰고 싶다.

앞서 간 선각자들이 이르기를 '아는 것은 좋아하는 것만 못하고 또한 좋아하는 것은 즐기는 것만 못하다.'라고 했던가. 고통이 따르지 않는 출산은 의미가 없는 법이라고 했다. 오늘같이 처절하게 고민하고 아파하면서 글쓰기를 좋아하고 즐기다 보면 언젠가는 나를 뛰어넘어 내 글을 읽어주는 독자마저 감동하게 할 좋은 수필 한 편 쓰게 되리라 애써 위안을 해본다. 언젠가 될는지 기약은 할 수 없지만, 그날이 오면 제일 먼저 아내 앞에서 자랑하며 큰 소리로 내 글을 읽어 주고 싶다.

(2012. 5. ≪수필과비평≫ 127호)

나눔의 미학

휘영청 밝은 가을밤. 칠곡 팔거천 산책로를 걷고 있다. 하늘에 달 하나, 강물에 비친 달 하나. 두 개의 달이 동행한다. 이런 저런 상념에 잡히다가 문득 그 아이의 얼굴이 뇌리를 스친다. 오래전 TV에서 보았던 아프리카 아이다. 제대로 먹지를 못해 마른 명태처럼 팔다리는 바짝 말랐고, 커다란 눈과 얼굴에는 파리 때 천국이 되었다. 지독한 영양실조에 걸린 아이의 모습이 클로즈업되면서 UNn기구의 산하단체인 국제 모금단체인 UNICEF의 권유에 따라 매월 3만 원씩 정기적으로 기부하게 된 지도 벌써 10여 년은 된 듯하다.

세상에 불쌍하고 어려운 처지에 놓여있는 사람들이 어디 아프리카뿐일까. 선진국에 진입한다는, 도움을 받는 나라에서 도움을 주는 나라가 되었다는 우리나라 한구석에서는 한 끼의 끼니를 잇기 위해 무료 급식소 앞에 장사진을 치고 있는 사람들을 가끔 보게 된다. 각 사회단체에서 구호사업으로 하는 무료급식사업에 많은 사람이 재물과 노력봉사로 열심히 그들을 돕고 있다. 베푼다는 것은 항상 즐겁고 좋은 일이다. 내가 가진 것을 나보다 더 필요한 사람에게 나누어 준다는 것은 아무나 할 수 있는 일이 아니기에 더 보람 있고 가슴 뿌듯한 일이다. 해서 그들의 끝없는 봉사와 희생으로 오늘도 무료 급식소는 운영되고 있다.

주의하여 주위를 살펴보면 우리들의 도움의 손길이 필요한 기막힌 사연을 가진 사람들이 지천으로 가득하다. 매스컴에서도 이들을 돕기 위한 방송과 신문기사가 수없이 많다. 대표적으로 자주 듣는 MBC 문화방송에서 목요일 오후에 방송하는 프로에서 기막힌 사연이 소개되고 있다. 그리고 마지막에는 사회자의 간곡한 목소리로 국민의 마음을 움직여 적지 않은 성금이 모여 그들을 돕고 있다. 또한, 대구에서 발행되는 지방 신문인 매일 신문에서도 매주 수요일에 어려운 사람들의 사연이 어김없이 지면을 장식하고 있다. 매번 듣고, 읽을 때마다 가슴이 뭉클해지지만, 항상 그들에게 도움의 손길을 내밀 수는 없는 일이다. 한 달에 두세 번 정도 나름대로 도움의 손길을 내밀기도 하지만, 기분은 왠지 상쾌하지 않다.

'사람 나고 돈 났지. 돈 나고 사람 났느냐.'고 하지만, 그것은 옛날 호랑이 담배 피울 때 이야기다. 현대 자본주의 사회에서 사람이 살아가는 데 꼭 필요하고 없어서는 안 되는 것이 재물이다. 그래서 사람들은 기를 쓰고 돈을 벌려고 하고 또 그것을 모으려고 한다. 돈 많이 가진 사람이 양반이 되는 요즘 사회에서 많이 가진 자가 행세를 하고 어깨에 힘이 들어간다. 거기에 비하여 적게 가지거나 아예 상대가 안 되게 가진 것이 없는 사람은 그들 앞에서 기가 죽게 마련이다. 많이 가진 사람이나 적게 가진 사람이나 하루에 밥 세끼 먹는 것은 같다고 하지만, 사람이 밥만 먹고 살 수는 없기 때문이다. 가진 자들이 가진 만큼의 능력으로 사회사업에 기부한다면 더없이 좋은 일이다. 그러나 세상에는 공평의 원리가 통하지 않는 법이다.

폐지를 줍고 막노동판에서 뼈 빠지게 일하는 못 배우고 가난한 사람이 장학기금으로 몇 억 원을 대학에 장학기금으로 기부하였다는 기사를 우리는 종종 보게 된다. 그런 사람들이 자기의 한풀이로 거금을 선뜻 내어놓았을까 하는 문제에서는 많은 생각을 하게 한다. 요즈음 아너 소사이어티(honor society) 운동이 일어나고 있다. 재산이 많은 사람들이 1억 원 이상을 사회에 기부하는 운동이다. 노블레스 오브리주(noblesse obliger)를 실천하는 것이라면 아름답고 훌륭한 일이다. 허나 그들이 진정으로 사회봉사를 위해 많은 돈을 기부한 것일까? 혹은 화려한 명예와 훗날의 영광을 위한 행위는 아닐까?

국가에 재앙이 닥쳐 어려운 지경에 처한 사람이 많으면 불우이웃돕기 성금 모금이 일어난다. 또 한 해를 보내는 연말쯤이면 어김없이 불우이웃돕기가 시작된다. 때맞추어 구세군의 붉은 냄비와 종소리도 거리를 장식한다. 통계에 의하면 이런 운동에는 가진 것이 적고 평범한 서민들이 더 많이 동참 한다고 한다. 없는 사람의 서러움을 없는 사람이 알아서 그런 것일까?

재물을 많이 모은 사람들의 첫 번째 원칙이 내 손에 들어온 재물을 절대로 내보내지 않는 것이라고 한다. 심하게 말해서 자린고비가 되어야 재물을 모을 수 있다는 말이다. 입으로는 '인생 공수래공수거空手來空手去'를 말하지만, 많은 재산을 가진 사람들일수록 인색한 것은 무엇을 말하고 있는 것일까. 그래도 없는 사람들이 십시일반으로 한 푼 두 푼 모은 돈이 연말 사랑의 온도탑을 꽉 채우고 있으니 아직은 살 만한 세상이 아닌가. 나눔의 미학은 인류가 살아있는 한 변하지 않는 절대적인 진리다.

고목이 되고 싶다

함지산 외진 곳, 호젓한 산길을 걷는다. 급히 서둘러 올라가야 할 것도 없는 산행길이다. 우기진 숲 속 길을 따라 천천히 쉬엄쉬엄 오르면서 주변을 둘러보고 이름 없는 풀 포기와 나무, 돌에도 관심을 가져본다. 비교적 등산객이 적은 외진 골짜기를 찾아 혼자 산을 오르는 중이다. 생각의 자유를 만끽하는 동안 이런저런 상념의 조각들이 별빛처럼 쏟아지고 그것들이 유성처럼 꼬리를 물고 일어나고 사라지기를 반복한다. 그러고 보면 겉으로 드러나는 외향적 성격의 내 모습 뒤에는 잠재되어 있는 내성적인 면이 숨어있다. 뜻이 맞는 친구들이 없는 것도 아닌데도 별다른 준비 없이 생수 한 병 챙겨 들고 그리 높지도 낮지도 않은 산을 혼자서 오른다. 친구들과 어울리는 재미도 좋지만,

이렇게 혼자만의 시간을 가지며 사색을 즐기는 것도 좋은 산행이다.

지난날들이 주마등처럼 파노라마가 되어 뇌리를 지나간다. 참으로 분주하고 힘들게 살아왔다. 못다 이룬 학업에 대한 열망이 나를 붙잡고 놓아주지 않았다. 40의 나이에 늦깎이로 시작한 대학과 대학원에서 공부에 많은 세월을 날밤을 새우는 날이 많았다. 그러면 아쉬움이 달래지고 끝날 줄 알았던 공부가 난데없이 불교 교리 공부에 또 몇 년의 세월을 흘려보냈다. 어렵다는 포교사 시험에 합격하고도 몇 년을 더 매달렸다. 성격 탓인지 모르겠다. 무엇이든지 해보고 싶은 일이 있으면 주저 없이 시작하고 도중에 어떠한 어려움이 있어도 만족할 때까지 놓지를 못한다. 이제는 끝이겠지 하면 또 다른 배우고 싶은 것이 눈에 들어온다. 30여 년도 넘게 다녔던 직장을 그만두고 한숨 돌리려는 때쯤이다. 난데없는 명리학命理學 공부가 눈에 잡혔다. 2년 동안 머리가 지끈지끈하도록 매달렸다. 쏜살같이 지나간 세월 앞에 벌써 인가 싶었는데 세월의 흔적이 남아있는 이순耳順의 나이에 수필공부를 시작하였다. 하여 수필가로 등단하고 이런 저런 문학 모임에서 발을 들여놓고 담론談論으로 보낸 세월이 적지 않다.

이제는 몸도 마음도 지쳐간다. 무엇을 얻으려고, 얼마나 영화를 누리겠다고 그렇게 발버둥 치며 살아왔을까. 지난 인생 여정을 참으로 힘들고 급하게 살아왔다. 너무도 많은 시간 동안 무엇인가 잡아보려고 노력하였다. 항상 새로운 것에 대한 호기심이 열정으로 변하여 한평생을 달려왔다. 머리가 너무 복잡하다. 인연 맺은 주위 사람들과 가족들에게 자랑하고 뽐내고 싶어 그렇게 발버둥을 치며 살아온 것은 아닐까. 온갖 잡다한 지식이 머리와 어깨를 짓누른다. 이런 것을 식자우환識字憂患이라고 하는지 모르겠다. 나이 70이 넘으면 배운 사람이나 배우지 못한 사람이나 다 같다고 한다. 인생 70을 눈앞에 두고 있다. 돌이켜보면 열정을 다하여 쌓아온 지식과 경력들이 지나가는 바람같이 보잘것없이 하찮은 것들이다. 검불 같은 명예와 자존심과 관록을 다 버리고 '무소 뿔처럼 혼자서 가라.'는 말이 새삼스럽게 가슴에 와 닿는다.

알 수 없는 인연의 끈에 이끌려 팔공산 자락에 몸을 누인지도 벌써 8년의 세월을 보내고 있다. 도심에서 멀리 떨어진 산 좋고 물 좋은 전원생활 같은 지금의 생활에 싫증을 느끼는 것은 아니다. 단지 외지고 한적한 분위기에 젖은 산속 생활을 하다 보니 도리어 도심의 복잡함과 분주함이 싫어졌을 뿐이다. 인생에 마침표는 아직 멀었겠지만, 쉼표는 있어야 한다. 산속에 묻혀 이것저것 다 잊어버리고 아내와 단둘이 보내는 지금 이 시각이 어쩌면 인생의 쉼표를 길게 찍고 있는지도 모르겠다.

비탈진 언덕땅에 풍성하고 팔 벌리고 당당하게 서 있는 늙은 소나무 곁에 앉는다. 저 소나무같이 당당하면서도 여유로운 삶을 생각해본다. 얼마 전 읽은 원로 수필가 김시헌 님의 「고목」이라는 수필을 생각난다. "고목은 무수한 잎을 달고 허공에 솟은 채 무심無心한 표정을 짓고 있다. 나는 그 고목에서 무심을 배우려고 노력한다. 나무의 표정은 틀림없이 무심 그것이다. 바람이 와서 흔들면 큰 저항 없이 바람의 뜻대로 움직여주고, 새가 와서 뜻있는 말로 정한情恨을 풀면 그것도 모조리 들어준다. 아이들이 돌을 던지면, 직접 가지를 피해 보려고 표정을 바꿀 뿐 노하거나 항거하지 않는다. 뜨거운 볕이 내리쬐면 좀은 괴로운 듯 고개를 사리지만, 아주 절망하는 무기력은 없다. 후득후득 빗방울이 떨어지면 그것들을 받아 아래로 굴려 내려준다. 그러면서 정정한 높은 뜻을 굽히지 않는다.……." 그래 그렇게 살고 싶다. 삶에서 원하고 노력한다고 모든 것이 이루어지지 않는다는 평범한 자연의 섭리를 이제야 깨닫는 것일까. 설령 이루었다고 생각하는 그것들도 지니고 보면 한갓 허상虛像일 뿐이다. 이제는 아등바등 몸부림치며 얻었던 보잘것없는 모든 것들은 내려놓고 산을 지키는 한 그루의 고목이 되고 싶다.

성적표

새봄을 맞으면서 손자들이 한 학년씩 올라갔다. 10여 년 전 같은 해에 며느리와 딸이 손녀와 외손자를 낳고 또 이듬해 똑같이 손자와 외손자를 품에 안겨주었다. 그것들이 성장하여 벌써 초등학교 4학년이 2명, 3학년이 또 2명이다. 그중에 4학년인 외손자녀석이 대구시교육청에서 선발하는 영재교육에 응시원서를 냈단다. 며칠째 집안에 말 없는 긴장감이 감돈다. 혹시라도 잘못되어 떨어지기라도 하는 날이면 큰일이라도 날것처럼 아내와 딸은 매일 기도하는 마음으로 시간을 보낸다.

비단 이번만이 아니다. 고만고만한 손자녀석들이 있으니 1년에도 몇 번씩 소동이 일어난다. 학교는 다르지만 같은 교육구청 산하 학교에 다니고 있으므로 중간고사나 학기말 고사 시험 때가 되면 같은 학년은 같은 문제로 시험을 치르게 된다. 해서 시험을 치고 나면 누가 몇 개를 틀렸는지, 누가 성적이 제일 좋은지 한동안 전화통에 불이 난다. 그런데 이상한 것은 학기 말이나 학년 말이 되어도 아이들의 성적표가 나오지 않는다고 한다. 생활통지표에 애들의 발달상황과 적성만이 표기되어 온다.

초등학교 시절 성적표(생활기록부)를 받는 날이 지금도 기억에 생생하다. 여름 방학 전 학기 말과 2월 말, 학년 말이 되면 '수, 우, 미, 양, 가'로 뚜렷하게 표기된 성적표를 받았다. 그중에 공부를 잘하여 성적을 '수, 우'가 많은 학생은 우쭐대며 부모님께 보여 드렸고, 학업성적이 저조하여 '양, 가'가 많은 학생은 부모님께 혼날 걱정에 집으로 향하는 발걸음이 무거울 수밖에 없었다. 게다가 생활기록표에 학부모님 도장을 찍어서 학교에 제출하여야 했으므로 성적이 좋지 않은 학생은 부모님 몰래 도장을 훔쳐 찍어오기도 했다. 그럴 때면 우리는 성적이 나쁜 친구를 '양가'라고 놀려 주곤 했다.

사실 옛날 생활통지표에 표기된 '수, 우, 미, 양, 가'는 '빼어나다. 우수하다. 아름답다. 훌륭하다. 옳다'라는 의미를 지닌 좋은 글자들이다. 그런데 이렇게 아름다운 글 속에 불편하고도 섬뜩한 진실이 숨어있다는 사실은 최근에서야 신문을 보고 알았다.

일본 전국시대 쇼군들은 적군의 머리를 잘라온 숫자를 평가

해서 '수, 우, 양, 가' 4등급으로 분류했다고 한다. 이 판정 기준이 일본 교육현장에서 학생의 학업성적등급 구분용도로 사용되다가 문제가 많다는 여론에 따라 1945년 폐지되었다. 그런데 우리나라에서는 오랫동안 여기에 아름다울 미美자를 더하여 '수, 우, 미, 양, 가'로 평가의 기준이 되어 사용되었다. 이런 성적 구분이 공부하는 학생들에게는 학업 성적은 항상 붙어다니는 낙인 같은 것이었다.

언제부터 이런 성적표가 없어졌는지는 알지 못하지만, 50여년이 지난 지금도 옛날 아련한 추억으로 남아있다. 그러고 보면 아들과 딸들이 학교에 다닐 때도 '수, 우, 미 양, 가'로 표기된 성적표를 받은 기억이 없는 것을 보면 상당히 오래전에 없어진 것만은 분명한 것 같다.

공부하는 학생들이 첫 번째로 가져야 할 덕목은 당연히 공부를 잘하는 것이다. 아무리 그렇다고 해도 모두 다 일등을 할 수는 없다. 머리가 명석하거나 침착한 성격에 끈기와 참을성으로 공부를 잘하는 아이도 있고, 그와 대조적으로 학업성적이 좀 떨어지는 아이도 당연히 있게 마련이다.

공부 잘하고 못하는 것은 사람이 일생을 살아가는 데 목적이 아니고 수단일 뿐이다. 그러면서도 내 아들, 내 손자만은 항상 공부를 잘해서 좋은 성적을 받아오기를 기대하는 욕심을 버리지 못하고 있다. 학생의 신분으로 열심히 공부하여 좋은 성적을 거두면 더할 나위 없이 좋은 일이겠으나, 그보다 더 중요한 것은 건전한 정신과 건강한 육체로 성장하는 것일 것이다. 성적이 조금은 뒤처져도 그냥 그 아이 그대로 봐주는 어른의 아량은 없을까 하는 안타까움이 남는다.

그래서 누가 말했던가. “행복은 성적순이 아니잖아요.”

(2012. ≪영호남수필≫)

가보家寶

매주 일요일 오전 시간에 KBS TV에서 '진품명품'이라는 프로가 방영된다. 아내와 같이 즐겨보는 프로그램이다. 각자 소장하고 있는 귀한 물건이나 작품들을 가지고 와서 전문가에게 평가를 받는 프로그램이다. 우리도 저런 귀한 작품이나 물건 하나 없을까 하고 생각해본다.

우리 집안은 선대先代로부터 경상도 상주 땅에서 대를 이어 살아왔다. 조상님들은 비록 농사꾼으로 대를 이어왔으니 큰 부자도 아니었고, 선비 집안의 꼿꼿한 자존심 하나로 그렇다고 소작농처럼 가난에 허덕이지도 않았던 그저 그렇고 그런 집안이었다. 그러다가 어느 날 갑자기 서울로 이사하게 되었다. 4·19혁명이 일어나서 시대가 어수선하던 때였다. 버스를 타고 또 기차를 타고 서울로 가는 이삿짐에는 웬만한 것들은 전부 버리고 가야 했다. 겨우 이불 보퉁이와 옷가지, 밥그릇과 숟가락만 챙겨서 떠나는 살림이었다. 서울에서 10여 년을 어렵게 살다가 다시 대구로 이사하였다.

그래도 대를 이어 살아온 집안인데 귀한 물건 하나쯤은 있겠지 하는 마음에서 이곳저곳을 둘러본다. 아! 있다. 그것도 두 가지가 있다. 우리 집에는 무엇과도 바꿀 수 없는 자존심 같은 귀한 물건이다.

첫 번째는 가첩家牒이다. 한지를 몇 겹으로 붙여 병풍 모양으로 접은 다음 손바닥 안에 들어갈 수 있게 만들었다. 거기에 영헌공 시조할아버지부터 고조부 때까지 24대의 직계를 족보식으로 적어놓은 것이다. 쉽게 말해서 간이 족보라고 보면 무난할 것 같다. 물론 우리 집안의 족보도 있지만, 증조부님께서 손수 쓰셨다는 가첩을 용케도 잘 간직하고 있다.

두 번째는 오래된 비취색 도포끈이다. 옛날 선비들이 도포를 입고 겉으로 허리띠처럼 묶도록 만들어진 끈이다. 길이가 2m도 더 되고 양 끝에는 고운 매듭과 호패를 간직하는 고운 수실로 장식되어 있다. 도포는 없고 도포끈만 전해져 내려오고 있다.

가첩과 도포끈은 모두 증조할아버지께서 직접 만드시고 또한 사용하시던 것이라고 전해진다. 지금 다시 족보를 훑어보아도 조상님들께서 오래도록 큰 벼슬 한자리 하지 못하고 살아온 집안이었다. 그래도 증조부님께서는 대단한 선비이셨나 보다. 조선 시대 말기에 사셨던 증조부님께서는 평생을 벼슬길에 오르지 않으시고 학문에만 열중 하시고 후학을 지도하셨다고 한다. 변명이었을지는 몰라도 하찮은 벼슬살이를 하면 동문수학하던 선비들을 스스럼없이 대할 수 없다 하시면서 평생을 야인으로 보내셨다고 한다.

반듯한 해서체로 깨알같이 적어 내려간 가첩을 볼 때면 지금도 증조부님의 정성이 묻어나온다. 또한, 색은 퇴색되어 화려하지는 않지만, 아직도 은은한 비취색을 간직하고 있는 도포끈은 증조부님이 손때가 남아 있는 물건이다.

선조님들이 남기신 보물이란 것들이 어떤 값어치로 매겨질 성질은 아닐 것이다. 단지 그 물건이나 작품 속에 조상의 얼이 담겨 있다면 그 값어치는 충분한 것이다. 우리에게 100년 가까이 고이 간직되어온 가첩 한 권과 도포끈이다. 비록 그것들이 남이 보았을 때는 하찮은 물건 같을지는 몰라도 우리에게는 선비 집안의 정신적인 지주로서의 가치가 충분하다.

며칠 후면 증조부님 기일忌日이 돌아온다. 미수米壽를 눈앞에 두신 아버지께서는 올해에도 가첩을 꺼내보시고 도포끈을 찾아 허리에 매실 것이다. 또한 세월이 흘러 아버지 가시고 나면

나 역시 대를 이어 같은 행동을 하게 되겠지만, 그 다음에는 어찌될는지…….

(2011. 12. ≪영남수필≫)

비석碑石

충청도 땅 청산靑山 고을을 지나는 길목에 소박하면서도 아담한 소공원이 하나 있다. 여기에는 지나가는 길손의 시선을 사로잡는 조형물이 있다. 오랜 역사를 증명하려는 듯 푸른 이끼를 머금은 이십여 기에 이르는 비석碑石들이 나란히 줄 맞추어 서 있다. 비석을 찬찬히 훑어본다. 하나같이 옛날 이곳을 다녀간 지방 수령守令들인 관찰사, 부윤, 목사, 군수의 치적을 칭송하는 송덕비頌德碑와 영세불망비永世不忘碑들이다.

청풍명월淸風明月의 고장이라서 그런가. 훌륭한 업적을 남긴 분들을 칭송하는 비석이 남다르게 많다. 산촌 적을 고을에 저리도 많은 훌륭한 지방 수령들이 지나갔나 싶다. 비석 하나하나를 훑어보면서 잠시 상념에 잠긴다.

옛날부터 우리 조상은 고을에 훌륭한 사람이 나오면 비석을 세워 그 공적을 남기고자 했다. 여행을 하다보면 도처에서 효자비, 열녀비와 충렬비 그리고 정려각을 만나게 된다. 늙은 부모님을 병구완을 위하여 추운 겨울 눈밭에서 산삼과 잉어를 구하여 부모님을 살려냈다는 전설 같은 효자 이야기. 남편을 일찍 사별死別하고 어려운 가정을 지켜온 여인네와 먼저 간 남편의 뒤를 따라 목숨을 끊고 생을 마감한 사람. 국가의 큰 공훈을 세운 분들의 고귀한 업적을 기리기 위하여 세워진 비석과 전각들이다. 그 앞에 서면 저절로 옷깃을 여미게 된다.

삼강오륜을 인간의 기본 덕목으로 삼으며 살아온 옛날 봉건주의 사회였으니, 공맹孔孟의 가르침에 따라 사람의 도리를 다하며 살아온 분의 업적을 기록으로 남겨 후세에 전하고자 했을 것이다. 충신, 열녀 한사람이 집안에서 나오면 대단한 칭송과 함께 가문의 큰 영광으로 여기던 시절이었다. 양반 세도가의 집안이라면 경쟁적으로 자랑거리로 삼았다. 실제로 충신 효자 열녀의 덕담은 옛날 이야기만큼이나 많이도 들어왔다.

내 심사가 고약하게 뒤틀려서 그런가. 이러한 비석과 전각을 둘러볼 때면 의구심이 일어나는 것을 어쩔 수 없다. 대단한 가문의 영광을 위하여 억지춘향 격으로 타의에 의해 목숨을 잃게 되었거나 아니면 뒷날 각색되고 미화되어 세워진 것을 없을까 하는 생각말이다.

백성들에게 탐관오리는 아니었다고 해도 무난하게 한 고을 다스리고 떠나간 지방수령도 있었을 것이다. 그러나 그 사람이 대단한 세도가 집안 출신이었다면 이야기는 달라질 수 있다. 하여 세월이 적당히 흐른 뒤에 업적이 조작되고 미화되어 송덕비를 세우게 되는 일도 있을 것이다.

열녀의 경우도 마찬가지다. 남편이 일찍 죽어 청상과부靑孀寡婦가 되었으나 개가改嫁가 허락되지 않던 시절 이었다. 어쩔 수 없이 시부모를 모시고 살아야 했을 것이다. 그런 다음 그 여인이 죽고 나면 있는 이야기 없는 이야기들을 꾸며서 대단한 열녀로 변신시킬 수도 있는 일이다.

어디 이뿐이겠는가. 인간의 근본적 본능을 이기지 못하고 부정한 짓을 하였을 때, 그것이 집안 어른이 알게 되었다면 어떻게 하였을까? 집안 망신이라고 크게 노하였다. 그러나 겉으로 드러낼 수도 없는 일이다. 결국 스스로 목숨 끊기를 강요당한다. 그런 다음 거꾸로 남편을 따라 목숨을 끊은, 또 하나의 열녀의 이야기로 꾸며질 수 있다. 하여 또 하나의 허구의 미담이 탄생되고 집안의 자랑거리로 삼으며 족보를 화려하게 치장하였을 것이다.

세상사世上事를 삐딱한 시선으로만 볼일은 아닌 것 같다. 전라

남도 장성 소나무 숲 한 묘지 앞을 지키고 있는 비석이 있다. 세상 사람들은 이 비석을 일러 백비라고 부른다. 누구의 묘지인지 이름도 내용도 없이 단 한자의 글도 새기지 않아 붙여진 이름이다. 이는 조선의 선비 박수량朴守良의 묘비다. 충청도사, 동부승지, 형조판서 등의 직을 맡아 39년 간을 고위 관직에 있었으면서도 죽을 때까지 집 한칸 마련하지 못한 청빈한 삶을 살다 갔다. 그가 죽은 후에 조선 명종이 공의 청빈한 삶을 칭송하며 하사한 비다.

오늘도 서둘러 여행길에 오른다. 또 어떤 비석을 만나고, 어떤 이야기들을 듣게 될까?

(2011. 12. ≪대구의 수필≫)

3부

행복한 남자

목화꽃은 다시 피려나

40여 년의 세월이 말없이 흘러갔다. 잊을 수도, 지울 수도 없는 긴 세월이었다. 초겨울, 먼동이 겨우 트이는 이른 새벽에 할머니를 뵙기 위해 정성을 다해 제물을 차리고 예를 올린다. 이어서 "파묘요! 파묘요!"라고 외치면서 동서남북 4방위로 첫 삽질을 하는 내 손길이 가늘게 떨린다. 뒤이어 삽을 건네받은 인부들의 힘찬 삽질이 시작된다. 한식경쯤 지나 드디어 할머니를 뵙는다. 긴 잠에서 깨어난 할머니는 백골의 모습으로 우리 앞에 현신顯身하신다. 정성스럽게 마련된 칠성판 위에 할머니의 유골이 차례대로 모셔진다. 속으로 삼키는 통곡이 가슴속에서 맴돈다. 깨끗하게 정성을 다해 유골을 한지와 질 좋은 삼배로 감싸서 염을 마친다. 수습된 할머니의 유골을 내 차에 옮겨

싣고 이른 아침 동생과 같이 고향으로 출발하는 순간 감개가 무량하다.

아버지께서 그때 왜 그런 결정을 하셨는지 모르겠다. 유신시대가 막 시작되는 71년 겨울이었다. 모두 간난신고의 세월을 보내고 있을 때였다. 서울에 살던 그때 할머니께서 돌아가셨다. 할머니 팔자가 그러했던가. 일곱 식구 대가족이 한집에 살고 있으면서도 임종을 지키는 자손 한 사람 없이 부지불식간에 쓸쓸하게 생을 마감하였다. 그때 나는 군인 신분이었기 때문에 까마득하게 모르고 있었다. 할머니 임종 때도 장례식 때도 알지 못하여 참석하지 못한 아쉬움에 먹물처럼 남는다.

아버지가 다니시던 회사가 부도를 맞아 실직 상태였다. 와중에 아버지와 숙부님은 할머니를 고향 선산으로 모시지 않고 경기도 양주 땅 샘내골 공원묘지에 유택을 마련하였다. 기왕에 자손들이 서울에 살고 있으니 돌보기도 쉬우리라 생각했단다. 사람의 일이 어디 마음먹은 대로 다 되던가. 몇 달 후 3년의 군 생활을 마치고 제대를 하였다. 군에 가기 전에 근무했던 공무원 신분이 되어 대구로 복직하였다. 오래지 않아 우리 가족들도 대구로 이삿짐을 꾸리게 된다.

그리고 40년 세월이 지나갔다. 아버지께서는 할머니를 할아버지가 계시는 고향 땅 선산으로 모시지 못한 한을 가슴에 품으시고 기회 있을 때마다 할머니 이장을 소원으로 삼았다. 초급 공무원 시절이었다. 나 역시 할머니를 이장하고 싶다는 생각은 항상 가지고 있었지만, 여섯 식구 대가족이 입에 풀칠하기도 어려운 시절에 언감생심 꿈도 꾸지 못할 일이 되고 말았다. 그렇게 살아온 세월이 40년이다. 아버지 연세 미수米壽를 넘기고 또 몇 한 해가 지났다. 아버지가 평생을 두고 이루고자 했던 꿈은 내가 책임져야 할 큰 숙제였다. 경제적인 문제가 가장 컸고 가족들의 동의를 구하는 것도 결코 쉬운 문제는 아니었다. 탈 없이 잘 있는 산소를 굳이 옮기려고 하느냐는 반론이 있었기 때문이었다. 혹시라도 산소를 잘못 건드려 뒤탈이라도 날까 걱정하는 생각들이 많았다.

아버지와 내가 아니면 찾아가지도 못할 외진 곳에 계셨다. 무슨 일이던지 하려고 마음먹으면 해야 할 이유가 백 가지요, 하지 않으려고 마음먹으면 하지 않아야 할 이유가 백 가지라는 말이 있다. "사람 죽은 해는 산소를 옮겨도 아무 탈이 없단다."라는 어머니의 말씀에 용기를 얻었다. 아버지가 운명하시기 전 의식이 있을 때 할머니 산소를 꼭 이장하겠다고 약속을 드렸다. 게다가 올해에는 귀신도 모른다는 윤달이 들어있어 용기를 내기가 쉽다. 동생들과 상의하여 할머니를 할아버지 곁으로 옮겨 드리기로 한다.

70여 년 만에 두 분이 만남이 이루어졌다. 할아버지께서 마흔 살 즈음에 돌아가시고 30여 년 홀로 사시다가 낯설고 물선 타향 땅 지하에서 또 40여 년을 외롭게 계셨다. 할아버지 산소 옆을 파고 할머니를 누이시고 두 분을 합분合墳으로 모신다. 참으로 어렵고 힘든 일을 마쳤다. 한집안의 장손으로 마땅히 하여야 할 일을 하였으나 나 또한 혹시나 하는 기우도 없지는 않았다. 허나 지금까지 온 집안이 아무 탈 없이 잘 지내고 있어 안심이 된다. 주위의 친척들로부터도 큰일을 하였다는 칭찬의 말을 많이 들었다. 할머니의 영혼이 계신다면 어떻게 생각하실까. 두고두고 생각해 보아도 잘한 일인 것 같다.

할머니를 생각하면 먼저 목화꽃 향기가 난다. 고향에서 살고 있을 때 할머니께서는 비탈진 밭에 목화를 재배하였다. 한여름 뙤약볕이 작렬하는 무더위 철이 오면 텃밭에 하얗고 붉은색으로 단장한 목화꽃에서 은은한 향기를 전해준다. 늦은 가을 무명으로 만든 한복을 곱게 입고 머리에는 흰 수건을 쓰고 목화밭에서 목화송이를 따고 계신 할머니 옆에서 코를 훌쩍이며 설익은 목화를 따서 돌팔매질로 장난을 친다.

부모님은 8대 종손으로 잘 생기고 튼튼한 첫 손자를 홍역으로 실패하고 비실비실하던 둘째를 경우 건지셨다. 연이어 셋째, 넷째를 산신제山神祭로 바치고 만다. 굽은 소나무 선산 지킨다고 했던가. 자손 귀한 집안에 겨우 명을 이어온 것은 온전히 할머니의 정성이었다. 어디를 가든지, 무엇을 하든지 오직 손자 생각뿐이었다. 농사일할 때도, 소담한 목화송이를 딸 때도 할머니 뒤를 졸졸 따라다녔다.

70여 년 만에 신방을 차린 할아버지와 할머니는 저승에서 행복하게 살고 계실까 궁금하다. 너무 오랜만에 만나 서로 알아보기나 하시려나? 내년 봄 아지랑이 곱게 피는 봄날에는 할머니 산소 곁에 목화 몇 송이를 심어놓아야겠다. 그러면 할머니 냄새가 나는 고운 목화꽃은 내 마음속에 다시 피겠지.

(≪대구문학≫ 2015. 3~4월호)

소나무

시절時節은 분명 봄인데 봄 같지 않은 날씨가 이어지더니 갑자기 봄기운이 확 풍겨온다. 오랜만에 등산용 가방을 둘러메고 대구 칠곡 함지산을 오른다. 등에서 촉촉하게 땀이 돋아날 정도로 빠른 걸음이다. 산 중턱 언덕바지를 지나 또 한 모퉁이를 건너뛴다. 이런 속도라면 망일봉望日峯 정상도 얼마 남지 않았다.

소나무 숲 속이다. 겨우 4~50여 분을 올라왔을 뿐인데 겨우내 쉬어서 그런가. 다리에 힘이 빠지고 몸에는 기운이 없다. 눈을 들어 주위를 살핀다. 적당히 쉴 만한 곳을 찾는다. 조금 떨어진 곳에 맞춤한 쉼터가 보인다. 그렇지. 몇 년 전에도 여기서 쉬어 간 적이 있다. 희귀하게 생긴 소나무다. 밑동의 굵기가 한 자가량 되어 보이는 평범하고 구부러진 흔하게 볼 수 있는 토종 소나무다. 그런데 지상에서 한자 반 정도 올라와서 옆으로 튼실한 가지 하나가 땅과 수평으로 뻗어있다. 사람이 걸터앉기에 딱 맞는 위치다. 스스럼없이 소나무 가지에 몸을 맡기고 얼굴을 훔친다.

아무리 생각해 보아도 이상하게 생긴 나무다. 보통 나뭇가지는 본체에서 뻗어 나와서 비스듬히 하늘을 향하여 뻗는다. 지금 걸터앉아 쉬고 있는 이 소나무 가지는 특이하게도 옆으로 가지를 뻗쳐 땅과 수평을 이루고 있다. 소나무 가지를 유심히 살펴본다. 겉껍질이 반질반질하게 윤이 난다. 그동안 수많은 사람이 쉬고 간 흔적이다. 그래도 나무는 싫다거나 귀찮다는 내색한번 보이지 않고 못생긴 그대로 그 자리를 지키고 있다. 오래 앉아 있기가 미안해진다. 어떤 인연으로 이 소나무 가지는 이렇게 지나는 길손에게 잠시의 쉼터를 주고 있는 것인가.

잠시 나를 뒤돌아본다. 적잖은 생을 살아오면서 내가 누구의 의지처가 되어본 적이 있던가. 갑자기 내가 평소에 즐겨 암송하던 안도현의 시 「너에게 묻는다」 입에서 절로 흘러나온다. "연탄재 함부로 발로 차지 마라/ 너는/ 누구에게 한번이라도 따뜻한 사람이었느냐."

말 없는 소나무 한 그루도 지나는 길손의 쉼터가 되어주는데 나는 그동안 어떻게 살아왔는가. 사람에게는 절대적인 선도 악도 없다고 한다. 때로는 천사 같은 착한 마음으로 불쌍한 사람을 돕다가도 부지불식간에 나쁜 마음을 갖기도 하는 것이 사람이다. 그런 면에서 생각해보면 나 역시 범부와 다를 것이 없는 평범한 생을 살아왔다. 나름대로 불쌍한 이웃에게 작은 정성을 담은 선물을 건네주기도 하고 한때는 아프리카 기아돕기운동이나 불우이웃 돕기운동 같은 일에도 몇 년간을 동참한 적이 있었다. 또 길거리 걸인이나 탁발하시는 스님에게 돈 몇 푼을 건네 준적도 적지 않았을 것이다. 하지만 진정으로 측은지심으로 동참하였느냐는 질문에는 자신이 없어진다. 때로는 얼마 안 되는 돈 때문에 양심을 속이고 비굴해지는 일도 없다고는 할 수 없이 살아왔다.

직장에서 물러난 지도 10여 년이 더 지났다. 가진 것이 점점 작아져 노후를 걱정해야 하는 나이에 누구를 도울 수 있을까마는 돈으로만 불쌍하고 어려운 사람을 돕는 것이 아님도 알고 있다. 그렇다고 따뜻한 미소와 포근한 마음으로 주위 사람들을 편안하게 했는지에 대해서는 여전히 의문부호가 남는다. 가진 것을 비울 때 마음에는 행복이 가득해진다는 말을 수없이 들어왔다. 가진 것을 비운다는 의미는 무엇이며 어디까지일까.

사람인人 자를 생각해 본다. 글씨를 자세히 보면 우측으로 삐딱하게 누운 획 하나와 좌측으로 기울어진 획 하나가 만나서 글자를 형성하고 있다. 어떤 이유로 사람인 자를 이렇게 썼을까? 혹자或者는 말하기를 사람은 독불장군이 없다고 한다. 이웃과 더불어 의지하면서 살아가라는 의미를 가지고 있다고 한다. 한편 한문학漢文學을 연구하고 후학을 지도하고 있는 고려대학교 한문학과 김언종 교수는 다른 해석을 강조한다. 사람인 자의 모형은 한자의 초기 형태인 상형문자에서 볼 수 있듯이 자기를 낮추어 상대방에게 겸손한 자세로 인사하는 모습을 형상화 한 것이라고 한다. 즉 우측으로 누운 획은 사람이 자기를 낮추어 구부린 몸체를 표현하고 있다. 또한, 좌측으로 기운 획은 손을 밑으로 늘어뜨린 모습이란다. 해석이야 어찌 되었든 내 비록 가진 것은 보잘 것 없지만, 아직은 살아있는 푸른 눈과 따뜻한 마음이 있으니 보다 더 낮은 자세로 누구에게나 적은 의지처가 될 수 있도록 노년의 세월을 겸손하게 살아가고 싶다.

(2015. 12. ≪대구의 수필≫)

다름 아닌 내 모습

평소에 즐기는 메밀국수를 점심으로 잡수시고 아버지는 이내 자리에 누우신다. 그리고는 오후 내내 깊은 잠에 빠진다. 아버지의 자는 모습을 물끄러미 지켜보고 있다. 살이 홀쭉하게 빠진 채로 잔뜩 웅크리고 시위잠을 자고 있는 모습에 가슴 한구석이 저려온다. 가끔 꿈을 꾸는지 알아들을 수 없는 잠꼬대까지 한다. 우리 아버지는 언제까지나 건강할 줄 알았다. 건장한 체격에 거칠 것 없는 호방한 성격으로 어디서나 당당하게 살아가던 모습이 어제였다. 불과 삼사 년 전만 해도 면 단위 게이트볼 회장으로 친구들과 어울려 전국 대회에 다니고 6·25 참전용사 모임에도 자주 나가던 분이다. 그런 아버지가 불과 1년 사이에 기운을 잃고 말았다.

노인네 건강은 하느님도, 옥황상제도 모른다고 했다. 지난해 낙엽 한 잎 뚝 떨어지는 초가을 장출혈 증세로 사경을 헤매다 겨우 회복한 후로 건강이 갑자기 나빠졌다. 그 후로 도저히 안 되겠다 싶었던지 당신 스스로 차를 처분하였다. 덕택에 맏아들인 내가 감당해야 할 일이 더 생겼다. 명절 때나 제삿날이 되면 부모님을 모시고 오고, 또 모셔다 드려야 한다.

초여름 무더위가 유난히 기승을 부리는 7월 초다. 부모님이 살고 계시는 성주에서 천천히 차를 운전하고 있다. 할아버지의 제삿날을 맞이하여 아버지 어머니를 모시고 집으로 오는 길이다. 올해에는 윤사월이 들어 있어서 음력 오월 보름 제사 일이 7월 초입에서 맞는다. 아버지께서는 앞좌석에 타시고 어머니는 뒷좌석에 앉도록 했다. 혹시나 노쇠하신 아버지께서 멀미를 할까 봐 앞좌석으로 모신 것이다.

성주에서 팔공산 우리 집으로 오는 길은 셀 수 없이 다닌 길이다. 눈을 감고도 찾아올 수 있는 길이다. 불과 한 시간 남짓 오는 길을 두고 아버지는 '이 길이 맞나? 오른쪽으로 가야 안 되나?' 하면서 자꾸 말을 걸어온다. 계속해서 길이 낯설다고 투정을 하다가 또 '아하! 그래 이쪽으로 가는 길이 맞구나.' 하신다.

아버지의 평생 중 가장 많은 기간을 자동차 운전을 업으로 삼았다. 그러고 보면 아버지의 운전 경력은 참으로 오래되었다.

6·25 참전용사로 민족상잔의 비극이 치열하던 시절 아버지는 군에 입대하였다. 그리고 바로 자동차 운전병으로 차출되어 군 복무를 하게 된다. 총을 들고 직접 전투에 참가하지는 않았기 때문에 다행스럽게도 참혹한 일을 당하지는 않았지만, 당시로는 보통 사람들은 택하기 어려운 운전이라는 신기술을 이때에 습득하셨다.

내년이면 미수米壽를 눈앞에 두신 아버지는 지난해 봄까지만 해도 손수 운전을 하시고 어머니와 나란히 팔공산 아들 집을 자주 찾아왔다. 주위 사람들은 이런 아버지를 보고 대단한 어른이라고 하였다. 우리 형제는 비교적 건강하신 모습으로 살고 계시는 아버지께 한편으로는 늘 감사한 마음을 가지고 있었다.

문득 초등학교 시절이 떠오른다. 아버지는 내가 초등학교에 입학하기 전 해에 입대를 하였다. 가을 운동회 마당, 마침 학생들이 부모님과 손잡고 달리기 경주를 하는 시간이었다. 누군가를 간절히 바라는 내 눈길에 아버지의 모습이 들어왔다. 어디서 나타났는지도 모르게 군복을 입은 채로 나를 번쩍 들어서 품에 안고 달렸다. 그리고 당당히 1등을 하였다. 아마도 내가 초등학교 6년 동안 달리기로 1등 상을 받은 것은 이때가 처음이고 마지막이었던 것 같다.

팔공산 염불암 올라가는 길에 제법 많은 돌탑이 서 있다. 사시사철 같은 자리에 말없이 우뚝 서 있는 모습이 어쩌면 저리도 우리 아버지를 닮았을까 생각했다. 아니 저 돌탑들보다도 아버지는 더욱 우뚝한 줄 알았다. 평생을 살면서 거듭되는 사업실패로 마음고생을 적잖았지만, 그때마다 꿋꿋하게 버티고 일어나서 굳게 살아온 아버지다. 그런 아버지가 지금 몸은 비참하리만치 야위고 정신은 혼미해져 잠시 전 일도 잘 기억하지 못하는 모습으로 누워있다.

옛날 어른들 말씀에 이르기를 '어느 구름에 비 들었는지 모른다.'라고 했다. 언제 어떻게 되실지 모른다. 아버지 살아계실 날이 많지 않음을 알면서도 무엇 하나 어떻게 해 줄 수도 없이 물끄러미 지켜만 보고 있는 내 모습이 안타깝다. 그러고 보면 고단하고 힘든 인생살이 80이라지만, 지나고 보면 참으로 짧기만 한 것이다. 그렇다. 지금 저렇게 힘없이 누워 계시는 아버지의 모습은 바로 20년 후의 내 모습이다. 그 20년 후가 되면 내 아들도 몸은 늙고 정신은 흐릿해진 내 모습을 보며 또 가슴 아파하겠지.

(2012. 12. ≪영남수필≫ 44호)

세모歲暮에

흰 눈이 축복처럼 내리는 호랑이의 해 세모歲暮다. 흰 눈은 팔공산을 뒤덮어 온통 거대한 설산雪山으로 만들어놓았다. 아직 철거하지 않은 크리스마스 장식물 위에 쌓인 고운 눈을 바라보고 있노라면 괜히 마음이 설레고 아득한 그리움이 묻어난다.

오랜만에 아들과 함께 손자 녀석들을 앞세우고 삼대三代가 온천을 찾았다. 지난해의 묵은 때도 닦아내고, 추운 겨울철에는 온천욕이 제격이다 싶어서다. 나이에 또 한 살을 더하려는 시간. 점점 노인의 모습으로 변해가는 몸뚱이에 호강을 시켜주고도 싶었다. 물장난에 재잘되며 신명이 난 손자 녀석들을 보며 아들과 느긋하게 온천욕을 즐긴다.

목욕을 마치고 휴게실로 나와 손톱 발톱을 깨끗이 깎는다.

그러고 보니 손톱은 깎은 지가 얼마 되지 않은 것 같은데, 발톱은 언제쯤 깎았는지 기억이 가물가물하다. 그래도 손톱 발톱은 자라난 크기가 엇비슷하다. 문득 어디에선가 들은 말이 생각난다.

"손톱은 슬플 때 자라고, 발톱은 기쁠 때 자란단다."

손톱과 발톱을 깎으면서 상념에 잠긴다. 누구나 다 그렇겠지만 지난 한 해 나에게도 크고 작은 일들이 무수히 지나갔다. 한 해 동안 내 의사와는 관계없이 즐거운 일과 가슴 시린 사연은 밤과 낮같이 교차했다. 어쩌면 기쁜 일보다는 걱정스럽고 가슴 아픈 사연들이 더 많았는지도 모르겠다. 그러니 발톱이 덜 자랐겠지.

부모님과 아내의 건강이 항상 걱정이다. 부모님 중에서도 아버지의 건강이 더 걱정이다. 미수米壽를 목전에 두고 계시니 온몸에 병이 종합병원 수준이다. 특히 무릎 관절이 좋지 않아서 몇 차례 수술도 했지만 거동하기 어려우신 모습을 보면 가슴이 아려온다. 저 모습이 20년 후에 내 모습인데…….

아내는 특별히 아픈 곳은 없다. 그러나 항상 마음에 조바심이 생긴다. 머리라도 아프다고 하면 혈압이 오르지 않았는지, 갑자기 속이 더부룩하고 소화가 잘 안 된다고 하면 나쁜 생각이 울컥 치밀고, 아랫배라도 아프다고 하면 혹시 하는 마음에 조바심이 인다. 그렇다고 매번 큰 병원으로 데리고 가서 종합검진을 받을 수도 없으니 속만 태운다.

사람이 아프지 않고 살 수는 없을 것이다. 그러나 아내의 건강문제만은 나에게 심각하게 받아들여진다. 늙지도 젊지도 않은 나이에 아내가 갑자기 내 곁에 없다고 가정해본다. 아내 없이 얼마나 살아갈 수 있을까? 또 그 시간이 얼마나 길게 느껴질까? 때로는 아옹다옹하기도 하지만 그것도 다 사랑싸움일 뿐이다. 모든 것을 아내에게 의지하고 살아가는 지금의 내 모습이다. 지금 우리가 운영하고 있는 사랑채도 아내가 없으면 지탱하기가 어렵다. 흑자와 적자 사이를 줄타기하듯 운영하고 있는데 게다가 일할 사람을 따로 두고 운영하기란 난감한 일이다.

며칠 후면 다산多産과 풍요豊饒의 상징인 토끼해가 온다. 내년 봄. 날씨가 좀 풀리고 따뜻해지면 아내를 며칠 입원시켜서라도 종합검진을 받도록 해야겠는데……. 미련이 사람 잡는다고 큰 일 나기 전에 손을 써두는 편이 좋을 것 같다.

다가오는 새해에는 손톱보다는 발톱 깎는 일이 더 많았으면 하고 바라보지만 역시 부질없는 생각일까. 사람 살아가는 일에 항상 기쁘고 좋은 일만 있을 수는 없을 테니까. 그래서 부처님께서는 보왕삼매론에서 말씀하셨지.

"세상살이에 곤란 없기를 바라지 마라. 세상살이에 곤란이 없으면 제 잘난 체하는 마음과 사치한 마음이 일어난다. 그래서 성인이 말씀하기를 '근심과 곤란으로써 세상을 살아가라.' 하셨느니라."

까마귀

"까아악, 까아악 까아악!" 까마귀 울음소리에 이른 아침잠에서 깨어났다. 하늘을 쳐다보니 온통 잿빛이다. 스산한 기분에 몸을 움츠린다. 금방이라도 가을 소나기라도 퍼부을 기세다. 게다가 난데없이 까마귀 떼가 몰려와서 이리저리 날면서 시끄럽게 울어대고 있다. 검은색이 온통 천지를 뒤덮고 있는 것 같아 갑자기 불안한 마음에 사로잡히면서 안절부절하지 못한다. "훠이! 훠이" 하고 허공을 향해 소리치고 손을 흔들어보지만, 놈들은 들은 척도 하지 않는다.

며칠 전 아버지께서 무릎 관절수술을 하였다. 퇴행성관절염으로 고생하시다가 고령임에도 불구하고 끝내 결단을 내렸다. 관절 수술 정도로 생명에야 별 영향이 없겠지만, 노인 건강 밤새 안녕이라고 언제 어떻게 되실지 몰라 항상 조바심이다.

아버지 어머니 두 분이 어느새 미수米壽를 앞두고 계신다. 연세 높으신 노인들이 항상 건강하게 사실 수야 없겠지만, 시난고난 잔병치레로 고생하시는 모습이 안타까울 뿐이다.

감나무의 감은 땡감도 떨어지고 익은 감도 떨어진다고 했다. 죽음 앞에서는 늙음과 젊음이 따로 없단다. 연세 높으신 부모님께서 돌아가신다는 것도 두려운 일이지만, 상대적으로 나이가 적을 뿐인 나 역시 죽음 앞에서는 초연할 수가 없다. 단지 부모님이 곁에 계시니 내색은 할 수 없을 뿐이다. 따지고 보면 내 나이도 이순耳順의 고개를 반쯤 지나 고희古稀로 가고 있으니 언제 어떻게 될지 몰라 전전긍긍이다.

죽음이라는 명제 앞에서 누구나 두려운 것은 사실이다. 어느 종교에서든지 죽은 다음의 생[來生]을 이야기하고 있고, 불자인 나도 수없이 들어온 말이지만, 경험해 보지 못한 다음 생에 대한 확신이 서지를 않는다. 그것은 내생을 약속받을 만큼 선행을 많이 하였다거나 덕을 쌓고 계율을 지키지 못해서가 아닐 것이다.

죽음이 두려운 것이 아니라 지금의 삶에서 모든 것을 포기하고 잊고 가야 한다는 사실에 더 두려움을 갖는지도 모르겠다. 사랑하는 아내와 자식들, 그리고 올망졸망하게 커가는 손자 녀석들. 한순간에 정을 끊고 돌아설 수 없는 살붙이들이다. 어디

가족뿐이겠는가. 정 붙이며 살아온 이웃의 모든 사람도 그냥 두고 떠나기에는 아쉬움이 큰 존재들이다. 그리고 내가 누리고 살아온 환경과 애써서 모으고 가꾸어 손안에 가지고 있는 것들을 모두 놓아버리고 가야 한다는 것이 두려운 것인지도 모른다.

불가佛家에서 말하는 살아 있는 모든 것들은 반드시 죽어 없어진다는 생자필멸生者必滅의 법칙을 모르지도 않고 거역하려는 마음은 없다. 때가 되면 자연히 돌아가야 할 본향本鄕 같은 곳이겠지만 당장 오늘이라고 한다면 그것이 싫어질 뿐이다.

"훠이! 훠이! 이놈들, 멀리 날아가거라. 아직은 때가 아니니라." 애꿎은 까마귀에게 종주먹을 쥐어보지만, 까마귀인들 무슨 죄가 있겠는가. 그들은 그들의 습성으로 살아갈 뿐인데 단지 인간들이 흉조니 길조니 하고 요사를 부릴 뿐이지.

(≪수필과비평≫, 2011. 1월호)

귀한 선물

"큰아버지. 만년필 필요하실까요? 아무래도 큰아버지가 필요할 것 같아서요." 아내를 통해서 반가운 소식을 전해 들었다. 멀리 떨어져 있는 조카가 고급 만년필 하나를 구하게 되었다고 한다. 저는 별로 쓸데가 없으니 대외 활동이 많은 큰아버지에게 선물을 하겠다고 전갈이 온 것이다. 뜻밖의 선물 소식에 반가움이 앞선다. 며칠 후 인편을 통해 전해온 선물을 받는 순간 눈시울이 붉어진다. 선물이란 그 물건의 값어치와 관계없이 주어서 즐겁고 받아서 고마운 것이라지만, 이번 선물의 의미는 참으로 남다르다.

육각형 별 모양이 뚜껑 꼭대기에 선명하게 새겨진 독일제 몽블랑(MONT BLANC) 만년필이다. 거북이 모양의 유리병에는 잉크가 가득 담겨있다. 옛날 만년필 잉크색은 푸른색이었으나 검은색 잉크다. 조심스럽게 뚜껑을 열고 잉크를 채운 후 글씨를 써본다. 오랜만에 만년필로 써보는 글씨가 조금은 어색하지만, 묵향이 풍기는 듯 검은색 글씨가 뚜렷하다. 값비싼 선물을 받고 나니 누구에게라도 자랑하고 싶고 어디에든지 글씨를 써보고 싶은 마음에 쉽게 잠 못 이루는 긴 밤을 보낸다. 조카가 아니었으면 내 형편에 언감생심 만져볼 수도 가질 수도 없는 귀한 물건이다. 늘그막에 얻은 귀한 선물을 남은 삶 동안 귀한 보물로 삼고 싶어 책상 서랍에 고이 간직한다.

하나밖에 없는 조카다. 명색이 큰아버지라고 제가 성장하는 데에 뚜렷하게 큰 도움을 준 기억이 별로 없다. 단지 제가 어릴 때, 명절이나 제삿날이 되면 내 차에 태우고 다녔다. 또 내가 모 대학 학생회와 동창회 일에 관여하고 있을 때에 가을 운동회가 끝나고 나면 축구공이나 배구공 같은 것을 가져다주기는 했다. 넉넉하지 못한 형편에 내가 조카를 위해서 할 수 있는 조그마한 성의였다. 조카가 어린 날의 조그마한 일들을 기억하고 있었던가. 귀한 선물을 전해주는 녀석의 마음이 고맙고 기특하기만 하다.

옛날 초등학교 4학년이 되면서부터 펜글씨를 쓰기 시작하였다. 이제까지 연필로 글씨를 쓰다가 잉크를 찍어 뾰족한 펜으로 쓰는 글씨가 제대로 될 턱이 없었다. 그래도 상급생이 되었다는 자부심과 펜으로 글씨를 써야 서체가 고와진다는 어른들의 말씀에 열심히 펜글씨를 썼다. 먹을 가까이하면 검어진다는 속담처럼 손에는 푸른색 잉크가 묻어 얼룩지기 일쑤였다. 실수로 잉크를 엎질러 옷에 얼룩이 지기도 하였으나 훈장처럼 여기고 개의치 않았다.

기억도 가물가물하지만, 부산에 있는 중학교에 들어가고 싸구려 만년필도 가져보았으나 신통치가 않았다. 그러다 어느 날부터인가 우리는 볼펜이라는 문방구를 잡기 시작했다. 이전까지 까칠하고 불편했던 펜과는 비교되지 않았다. 그것은 매끄러운 촉감에 잉크병을 별도로 소지하지 않아도 되는 간편함까지 가지고 있었다. 그리고는 잉크를 찍어 쓰는 펜을 영원히 잃어버렸다.

올해 여름 내가 소속되어 있는 수필과비평작가회의 하계세미나에서 천안 백석대학교에 있는 현대시박물관을 관람하였다. 시인 김재홍 선생님이 평생을 공들여 수집한 우리나라 근대 초기 작가들의 문학작품과 그분들의 육필 원고가 오래도록 눈길을 놓아주지 않는다. 옛날 원로문인들은 원고지에 일일이 펜이나 만년필로 꾹꾹 눌러 글을 썼다. 그리고 그 원고지를 출판사에 보내어 한 권의 책으로 탄생하였다.

시대의 변천과 IT기술의 발달로 문학에도 큰 변화를 가져왔다. 지금은 너 나 할 것 없이 펜으로 글을 쓰는 사람은 드물다. 모두 컴퓨터로 글을 쓴다. 모든 출판사에서는 육필 원고를 사양하고 인터넷으로 원고를 접수하고 있기 때문이다. 우리 세대는 처음 문학공부를 할 때부터 컴퓨터를 글을 써왔기 때문에 나 역시 컴퓨터를 글을 쓰는 것에 익숙해 있다. 시대의 변천 앞에 현대의 원로 문인들도 어쩔 수 없었을 것이다. 노구와 노안에도 불구하고 어렵게 컴퓨터를 배우고 어쭙잖은 솜씨로 컴퓨터로 글을 쓰고 있다.

요즈음에는 습관처럼 만년필을 속주머니에 간직하고 외출을 한다. 혹시나 해서다. 하나 역시 만년필을 사용할 기회는 좀처럼 찾지 못한다. 갑자기 조카에게 미안한 마음의 앞선다. 어쩌다 큰 모임에서 방명록에 이름 석 자 남기는 것이 귀한 만년필의 소임이라면 참으로 미안하고 면목 없는 일이다. 그러나 조급해하지는 않는다. 오래지 않아 또 한 권의 수필집을 꾸밀 계획을 세우고 있다. 그때가 되면 이 만년필로 독자들에게 곱게 서명할 기회가 있을 것이라 믿고 있기 때문이다.

(2015. 3. ≪수필과비평≫)

행복한 남자

선물은 마음의 표시라고 한다. 수십 년을 같이 살면서 때마다 선물 고르는 일이 때로는 고역이다. 1년에 두 번, 아내생일과 결혼기념일이 다가오면 고민 속에 시간을 보냈다. 특별한 날을 기념하기 위해 아내에게 주는 선물을 무엇으로 할까 정하고 고르는 일은 그렇게 만만한 일이 아니다. 여자에게 주는 선물로는 꽃이 최고라지만, 아까운 생돈 들여서 살림에 보탬도 안 되는 꽃을 사온다고 여러 번 핀잔을 받았다. 그 이후로는 스카프며 내복이나 간단한 액세서리 등을 선물하곤 했지만, 그것도 해를 거듭할수록 점점 어려워졌다. 좋은 물건은 가격이 부담스럽고 가격이 저렴한 물건은 마음에 들지 않았다. 게다가 아내가 좋아할 선물을 1년에 두 번씩 구입하기에는 어려운 숙제 중에서도 어려운 문제였다. 그뿐이 아니다. 아이들이 어릴 때 어린이날이나 아이들 생일이 되면 똑같은 문제로 고민하였다. 이런 고민이 어디 나쁜이겠는가. 많은 남자와 아버지들이 갖게 되는 공통점일 것이다.

아이들이 커가면서 적당히 용돈을 주는 선에서 아이들 문제는 자연스럽게 해결이 되었다. 그러나 아내에 대한 고민은 상당히 오래갔다. 어느 해였던가. 미처 선물을 준비 못 하는 일이 있었다. 그렇다고 그냥 넘길 수는 없는 일이니 선물 살 만큼의 돈을 현금으로 봉투에 넣어서 주었다, 그러면서도 한편으로는 성의 없다고 토라지면 어쩌나 걱정이 되었다. 하지만 뜻밖에 아내의 얼굴이 밝았다. 옳다구나 싶어 이때부터 아예 현금으로 결제(?)하기 시작하였다. 아이들이 성장하여 결혼을 하고부터는 우리 결혼기념일이나 생일 때가 되면 그들도 똑같은 고민을 하는 것 같았다. 처음에는 정성이 담긴 선물을 사오곤 했다. 그러다 딸과 며느리가 의기투합했는지 어느 해부터 현금으로 결제하기 시작했다.

그것이 빌미가 되어 손자 녀석들 생일이나 어린이날에도 으레 용돈으로 대신하는 신시대적 사고로 변하게 되었다. 여기에서 고민은 또 시작된다. 손자들이나 며느리, 딸에게는 그때 형편에 따라 적당히 주면 되지만, 아내에게는 얼마를 주느냐가 문제다. 지금의 내 처지가 팔공산 한 모퉁이에 묻혀 아내의 수고로 구입장생이나 하는 처지다. 이것저것 하고는 있지만 신통찮은 벌이이다 보니 무턱대고 몇 십만 원을 집어주기에는 형편이 허락하지 않는다. 그러다 몇 해 전부터 기념일이 다가오면 아예 10만 원으로 통일하고 있다.

10만 원의 가치는 얼마나 될까? 지금 시세로 쌀 반 가마니 조금 넘게 살 수 있고, 금 반 돈을 사기에는 조금 부족한 금액이다. 가장 서민적이라는 연탄은 지역에 따라 편차가 있을 수 있으나 대략 200여 장 정도 살 수 있다. 대구 시내버스는 80여 번 탈 수 있고, 대중적인 담배인 '에쎄'는 30여 갑 정도를 살 수 있는 돈이다.

2013년 정부 노임 단가에서 별다른 기술이 없는 보통 인부가 받을 수 있는 금액이 8만 원 조금 넘는 금액이라고 한다. 그렇게 보면 10만 원이라는 금액은 일반 공사현장에서 하루 땀을 흘려서 일하고 받는 일당을 조금 넘는 금액이다. 많은 사람이 이 시간에도 그 돈을 벌기 위해 혹독한 추위를 견뎌내야 하고 타는 듯한 뙤약볕 아래서 목마름을 참으며 하루를 보내야 한다. 그 일마저도 구할 수 없어서 인력시장을 전전하는 것이 오늘의 현실이다. 10만 원이라는 금액이 어떤 사람에게는 하찮은 푼돈이 될 수도 있겠고 또 어떤 이에게는 목숨만큼이나 귀하고 중한 금액일 수도 있다.

내년 5월이면 결혼 40주년을 맞는다. 40주년은 에메랄드혼식라고도 부르는 조금은 의미가 있는 기념일이다. 이때는 에메랄드를 선물한다고 하지만, 언감생심 엄두도 낼 수 없다. 아내는 내색하지 않겠지만, 벌써 걱정이 되기 시작한다. 옛 성현이 이르기를 성현군자도 시세에 따라 살라고 했으니 모른 체하고 10만 원으로 때워 넘길지도 모르겠다. 골치가 아프다. 내년의 걱정은 내년에 하기로 하자.

올해 생일이 지나고부터 간단한 병원 진료비도 1,500원을 내는 신세가 되었다. 어느새 노인 나이가 되었다는 말이다. 그러고 보면 내 나이도 먹을 만큼 먹었고 백발이 성성한 중늙은이가 되었다. 매달 적지 않은 금액을 받는 국민연금이 내가 쓸 수 있는 유일한 용돈의 전부다. 이 돈으로 이런 일 저런 일에 지출하고 시골에 계시는 부모님에게 생활비도 보내드리고 있다. 늘 그막에 사랑하는 아내에게 해 줄 수 있는 10만 원이 지금의 내 인생이다.

그래도 나는 행복한 남자다. 적은 돈이지만 고맙게 받아주는 아내가 있어 행복하고 그 돈을 떳떳하게 내밀 수 있는 나는 행복한 남자가 분명하다.

(2013. 12. ≪대구수필과비평≫ 제3집)

우리말 겨루기

몇 해 전부터 월요일이면 저녁 식사는 서둘러 일찍 마친다. 오후 7시 반부터 시작하는 KBS 방송국의 '우리말 겨루기'를 시청하기 위해서다. 처음에는 관심이 없던 아내도 얼마 전부터 차츰 관심을 두더니 요즘은 나보다 더 열심이다. TV를 보면서 정답을 맞혀보려고 노력해보지만 모르는 문제가 수두룩하다. 어쩌다 알 것 같은 문제라도 나오면 아는 체를 하다가 틀리는 경우가 많으니 글쟁이를 자처하는 내 모습에 영 체면이 서지 않는다.

지구에는 200개국이 넘는 국가들이 있지만, 국가마다 자기 나라의 고유 말과 글을 가지고 있는 것은 아니라고 한다. 또 어떤 경우에는 한 국가 내에서도 여러 개의 말과 글을 사용하는 국가도 있다. 통일된 한 가지 언어를 사용하는 우리나라는 민족적 자긍심과 국민 단합의 중요한 요소임은 명징한 사실이다.

말은 살아있는 생물과 같다고 한다. 세상은 하루가 다르게 변해가고 있다. 따라서 말도 시대에 따라서 변하고 있다. 오래전 군대에 있을 때 습관적으로 썼던 말이 '따까리, 구라치다, 뿜빠이, 겐세이, 이빠이, 야마 돈다, 가라' 등인데 일본 말의 잔재로 생각된다. 그리고 '군바리, 개목걸이, 병아리, 쫄따구' 등은 비속어로 통용되는 말들이다.

한때 학생들이 쓰던 신조어로 '얼짱', '몸짱', '짱나' 등은 한물간 지 오래되었으나 크게 유행하던 시절이 있었고 지금도 가끔은 사용한다. 그래도 이 정도는 이해할 수 있고 애교로 받아들일 수 있다.

어쩌다 TV의 예능 프로라도 볼 때는 자막으로 나오는 글자가 도대체 무슨 말인지 모를 경우가 허다하다. '멘붕'이란 단어는 무엇을 뜻하는지 몹시도 궁금했다. 뒤에 알고 보니 '멘탈붕괴'의 준말이란다. 정신 상태를 의미하는 '멘탈'이란 단어도 생소한데 거기에 '붕괴'라는 한자어 단어가 붙고 줄여져서 '멘붕'이 된 것이다.

TV뿐만 아니다. 인터넷에 떠도는 단어들은 우리를 더욱 당황하게 한다. '애드족', '맥스주의', '재미나이' 등은 무엇을 뜻하는 말인지 한참을 헤매다가 겨우 답을 찾을 수 있다. ‘애드족’은 남녀 구별 없이 친절하고 화를 못 내는 인간들을 뜻하며, ‘맥스주의’는 칼 막스주의의 변질된 이론으로 순수한 인간의 이성을 술과 성으로 타락시켜 빈부 차이가 없는 절대 평등을 추구하는 사상이란다. ‘재미나이’는 30대의 나이에도 피노키오처럼 혼자 사는 신세대 노총각을 일컫는 나이를 말한다. 흔히 말하는 ‘골드미스’의 반대 개념에 속한다.

그뿐만 이라면 그래도 좀 나은 편이라 하겠다. 젊은이들의 전용어인 ‘희진스럽다’는 매우 상냥하고 친절해서 사람들에게는 칭찬을 받지만, 노래방에만 가면 사람이 변할 때 이르는 말이고, ‘병태니’는 주위 사람들에게 즐거움을 주어서 덩달아 실실 대는 현상을 뜻한다. 또 ‘명철하니’는 낯선 여자가 나타났을 때 여자에게 뻐꾸기를 날려서 친한 척하는 행동을 말이라지만, 누가 이 말들을 친절하게 설명해주어도 이해가 되지 않는 말들이 많다.

때가 때라서 그런가. 정치적인 유머를 섞은 말도 많다. ‘쥐품닭’, ‘박그네니’ 하는 말도 있고 초특급 사기꾼을 일컫는 ‘김대업스럽다’, 거짓말쟁이면서도 다른 거짓말쟁이를 영웅으로 대접한다는 ‘오마이스럽다’도 있다.

어디 그것뿐이겠는가. 기업의 명칭은 그 이름만으로도 회사를 대표하는 얼굴이다. 우리나라의 대표적 기업들은 앞다투어 외래어로 회사명을 표시하고 있다. SAMSUNG과 HYUNDAE와 같은 경우는 어쩔 수 없이 글로벌 경제시대에서 경쟁하기 위한 수단이라면 이해 못 할 것도 없다. 그러나 농민을 위한 농업협동조합의 약칭인 'NH', 한국토지주택공사의 'LH'는 아무리 좋게 보아도 이해가 되지 않는 이름인 것 같다. 게다가 CJ, LG, NHN, KT&G, SK 등의 정확한 이름을 아는 사람이 몇이나 될까싶다. 그렇다고 영어를 비롯한 외국어를 전면 사용하지 말자는 것은 아니다. 필요한 경우에는 당연히 외국어를 사용해야 하겠지만, 가능하면 아름다운 우리말을 사용하자는 것이다.

수필쓰기를 해온 지도 벌써 6년의 세월이 흘렀다. 그동안 나름대로는 될 수 있으면 아름다운 우리말을 쓰려고 노력하였다. 노력하는 만큼 큰 성과는 없었다. 하지만 '우리말 겨루기'를 열심히 시청하고 필요한 단어는 따로 기록하여 두었다가 다음 날 인터넷의 국립국어원 표준국어대사전에서 다시 찾아보고 노트에 정성껏 기록하여 암기하려고 노력하고 있다.

지난 월요일 방송에서도 나온 '모가비' '되모시' '궤지기' '다리쉬임' '우듬지' '허투루' '몽글리다' '나탈거리다' '허발' 등등 이제까지 알지 못하던 아름다운 말들이 너무도 많다. 해서 새롭고 순수한 우리 고유의 말을 알게 되고 공부하는 재미가 쏠쏠하다.

새로운 단어들을 대학노트에 하나하나 정리하다 보니 벌써 세 권째다. 월요일 저녁 한 시간을 기다림이 마냥 즐겁다.

(2012. 12. ≪녹야원≫)

별난 남자

참으로 희한하고 이상한 일도 다 있다. 사람이 살아가는 방법도 천층만층 구만층이요, 입맛 또한 제각각이라지만, 아무리 생각해보아도 이해가 되지 않는다. 난 커피를 마시지 못한다. 정확히 말해서 마시지 못하는 것이 아니라 마시면 절대로 안 된다.

세상에는 많은 기호식품이 있지만, 그중에서도 가장 인기가 있고 대중적인 것으로 꼽는다면 커피를 당해낼 식품도 드물 것이다. 웬만한 곳이면 자판기라는 이름으로 커피판매대가 있다. 또한, 거리마다 커피 전문점이 눈길을 사로잡는다. 그래서 그런가. 커피의 종류도 참으로 다양하다. 잘은 모르지만, 커피 전문점에 가보면 이름도 생소한 아메리카노, 카페라테, 카푸치노,

모카커피, 캬라멜 마끼야또, 곤빠냐 등 다양한 이름으로 커피 애호가들의 입성을 자극하고 있다.

비가 오는 날 오후가 되거나 몸이 피로할 때는 구수하고 달콤한 유혹에 빠지게 된다. 예민한 후각이 먼저 알고 군침을 삼킨다. 결국에는 강렬한 커피 향의 유혹을 이기지 못하고 일회용 커피 한 잔을 마신다. 천국의 맛이 따로 있을까. 기분이 황홀해지고 온몸에 새로운 기운이 돋아나는 것 같다. 종이컵에 남은 한 방울까지도 마신다. 매번 이렇다.

단숨에 마신 한 잔의 커피가 독이 되었다. 커피의 유혹에 빠져 잠시의 즐거움을 느끼고 나서 후회를 해도 때는 이미 늦었다. 삼 일쯤 지나고 나면 온몸에 가려움증이 시작된다. 커피 알레르기다. 가려움증을 두고 누구는 고문이라고 했다. 아픔은 참아도 가려움증을 참지 못한다는 말이다. 이러한 증세가 시작되면 빨리 피부과의원으로 달려가야 한다. 항히스타민제 주사를 맞고 약도 3~4일 정도 복용해야 진정이 된다. 다시는 커피를 마시지 말아야지 다짐을 하지만 얼마 지나지 않아 후각의 유혹이 시작된다. 몸은 따라주지 않는데 내 후각은 그리도 커피의 진한 향기를 좋아할까.

처음부터 이렇지는 않았다. 젊은 시절에는 설탕을 가미하지 않은 순수커피(black coffee)를 애용하기도 했었다. 커피를 마시고 나면 가끔 밤에 잠이 잘 오지 않고 정신이 반송반송해지는 부작용 말고는 별다른 반응이 없었다. 나이 50세쯤 되었을 무렵이다. 객지 울산으로 전근되어 근무하고 있을 때였다. 어느 날부터 갑자기 얼굴에 가려움증이 찾아왔다. 피부과병원을 찾아갔지만, 원인을 찾지 못하였다. 그러면서도 직원들과 어울려 커피는 자주 마시곤 했다. 얼굴의 가려움 증세가 온몸으로 퍼져 나갔다. 가려움증의 원인을 나 자신도 어느 의사도 알아내지 못했다. 대학병원에서 종합검진도 받았고 알레르기 검사도 했다. 그뿐만 아니라 가려움증에 좋다는 민간요법도 수없이 해보았다. 잠시 효과뿐이었다. 그렇게 10여 년을 보냈다. 말이 10년이지, 남에게 말 못하는 지독한 고통의 세월이었다. 결국은 음식에서 문제점을 찾기 시작했다. 짠 것, 신 것, 매운 것 등 차례로 줄여보았으나 신통치가 않았다. 마지막으로 커피 마시는 것을 중단하기로 했다. 이때부터 신통하게도 차츰 증세가 호전되어 갔다. 이렇게 쉬운 처방을 고명하다는 양의사, 한의사 어느 분도 알아내지 못하고 내 스스로 답을 찾은 것이다.

그렇다고 고민이 끝난 것은 아니다. 어쩌다 아는 사람을 만나면 첫 인사가 "커피 한잔하실까요?"로 시작된다. 그때가 제일 난감하다. 친분이 있는 사이라면 괜찮겠지만 그렇지 못한 경우에는 난감해질 때가 많다. "아직 커피를 못 배웠습니다." 세상에 커피를 못 배우다니. 커피 못 마시는 사람도 다 있나. 별스러운 사람 다 본다는 시선이 따갑게 느껴진다.

커피 대신 마실 수 있는 손쉬운 방법으로 녹차가 있다. 녹차도 커피만큼 지독하지는 않지만 약간의 알레르기 반응을 일으킨다. 이러한 형편이니 요즘 세대에 커피와 녹차를 마시지 못하는 사람으로 사회생활을 해 나가기가 참으로 불편하다. 매번 커피 대접을 사양하다 보면 거만하고 도도해 보일까 봐 걱정도 된다. 등신에도 갑종甲種, 을종乙種이 있다더니, 남 다 마시는 커피도 못 먹는 남자가 무슨 문화인이요, 예술가 행세를 하고 다니는지 나 자신도 잘 모르겠다.

오늘도 진한 커피향의 유혹에 빠진다. 참아야지. 잠시의 행복감이 가져다주는 고통을 너무도 잘 알고 있다. 그래 이대로 참으며 살자. 나는 커피도 못 마시는 별나고 못난 남자다.

(2013. 1. ≪수필문예≫ 11집)

노인의 한숨

봄인지 여름인지 헷갈리는 5월 중순 어느 날. 봄비인지 여름비인지 모를 비가 추적추적 내리는 오후다. 흐드러지게 핀 모란꽃, 함박꽃의 향기가 오감을 자극한다. 이때쯤이면 어린 시절 옛날의 기억 탓인가 채워지지 않는 허전함이 온몸을 감싼다.

이른 점심을 부실하게 챙겨 먹은 탓인지 속이 클클해지는 시간이다. 사무실과 가까이 있는 농협 옆, 길모퉁이 후미진 곳에 있는 땅콩과자, 호두과자를 만들어 파는 포장마차를 찾는다. 단돈 몇천 원이면 고소한 기름 냄새가 일품인 간식거리를 맛볼 수 있어 가끔 찾는다. 대구의 변방인 옻골에 사무실을 마련하고부터 생긴 버릇이다.

길에서 땅콩과자를 구워서 파는 사람은 나이가 많은 70대의 노파다. 외모에서 어딘지 모르게 추하게 보이지 않고, 이런 싸구려 과자를 구워 장사를 할 사람 같지 않게 귀티가 숨어 있다. 처음에는 그저 오다가다 만나는 손님 정도로 데면데면하였으나 횟수를 거듭할수록 친숙해졌다. 얼마 전부터 어느 정도 서로 형편을 알게 되었고, 집안일까지 이야기하는 사이가 되었다.

"그래. 아드님은 그 뒤에 연락이 있습니까?"

노인의 바깥양반은 대기업에서 근무하다가 퇴직을 하였다고 한다. 고위직은 아니었지만 그렇다고 말단직도 아닌 그런대로 평범한 회사원이었다. 그만하면 노인 두 분이 퇴직금만으로도 살 만할 텐데 왜 이렇게 고생스럽게 사는지 의아스러웠다.

부부는 아들 하나를 두었다고 한다. 공부도 곧잘 했다고 한다. 대구에서 알아주는 4년제 대학까지 나왔다고 한다. 아들은 공과대학을 졸업하고 건축 사업을 시작했다. 처음엔 상당히 재미도 보았으나 도시 재개발사업을 맡아서 하다가 그만 잘못되고 말았다. 사업실패에 따른 부도로 빚은 산더미 같이 늘어났고 아들은 교도소에 가게 되었다. 자식 녀석 감옥 가는 꼴을 차마 보지 못해 빚 청산으로 뒤치다꺼리 하고 나니 평생을 알뜰히 모아둔 재산이 몽땅 날아가 버리고 말았다.

"삼 년 대한大旱에 콩 나듯이 어쩌다 전화 연락은 오지만, 어디서 무엇을 하는지. 몸이나 성한지……. 다 자식 잘못 키운 죄지요. 그래도 천륜을 어쩌겠소. 못난 자식이지만 그래도 내 속에서 나온 새끼인 걸요. 얼마 남지 않은 인생이지만, 자식이 지워준 이 짐이 내가 감당해야 할 짐이라면 힘들어도 감당해야겠지요."

노인은 길게 한숨을 내쉰다. 남자라면 담배라도 한 개비 권하고 싶지만, 하소연을 듣고만 있어야 했다. 노인의 하소연 섞인 이야기를 듣고 있는 내 속도 휑하니 바람이 인다.

"크게 잘난 자식 국가의 자식 되고, 조금 잘난 자식 사돈의 아들 되고, 빚지고 못난 자식 내 아들 되더라고. 그놈 빚 다 갚고 나니 엎친 데 덮친 격으로 영감님은 바람을 맞아 쓰러졌다오. 어쩝니까. 모진 목숨 끊지 못하고 입에 풀칠이라도 해야겠기에 어렵게 이 장사를 시작했어요."

손수레 포장마차에 추적추적 내리는 빗방울 떨어지는 소리가 오늘따라 크게 들린다. 비 때문인가, 오가는 사람이 적으니 과자를 사러오는 손님도 더는 없을 것 같다. 땅거미 지는 거리를 보며 늦기 전에 집에 들어가려는지 주섬주섬 짐을 챙긴다. 무자식 상팔자라는 말이 무슨 뜻인지 짐작이 되지 않았었다.

"누구 탓을 하겠소. 전생에 지은 업장이 두터워서 그런 거지. 누워있는 영감 저녁이라도 지어주어야겠어요."

돈이나 재산이 인생의 전부일 수는 없겠지만, 늘그막에 외아들 잘못으로 모아둔 재산 다 날리고 고생하는 노부부의 사정이 눈물겹다. 오늘 하루 푼돈 장사로 얼마를 벌었는지 모르지만, 등을 구부린 채 집으로 향하는 노인의 어깨가 더욱 작아 보인다. 개인의 가난은 나라님도 구할 수 없다 했던가.

(2011. 8. 수필과비평작가회의 동인지 ≪따로 또 같이≫)

4부

삼시 세끼

제삿날

"아이고. 이놈아! 저지를 일을 저질러야지 이를 어쩔래." 나도 모르게 갑자기 화가 치밀어 올라 소리를 지르고 만다. 저도 황당했는지 어찌할 바를 모르고 어른들 눈치만 살핀다. 순간 이러면 안 되지 하는 생각이 뇌리를 스친다. 치밀어 오르는 화를 눌러보지만, 좀처럼 쉽게 가라앉지가 않는다.

제사를 모시기 위하여 정성껏 조심스럽게 제상에 준비해둔 음식을 진설하고 이제 마지막 메와 갱을 올리려고 할 즈음이다. 곁에서는 음식을 같이 나르고 하던 초등학교에 다니는 외손자 두 녀석이 키득키득 장난을 치고 있다. 잠시 눈을 돌리는 순간이었다. 큰 녀석과 장난치던 막내 녀석이 갑자기 뒷걸음치다 발이 제사상 모서리에 걸려 털썩 제상에 주저앉고 말았다. 순식간에 벌어진 일이다. 제사는 정성이라고 아내는 고되고 힘든 영업하면서 그 바쁜 중에도 틈틈이 있는 정성 없는 정성을 다해 차려놓은 제사상이 엉망진창이다. 유과는 아예 산산조각이 났고 과일은 방바닥에 나뒹굴고 전 그릇과 나물 그릇은 엎어지고 밀려나고 한마디로 쑥대밭이 되고 말았다.

오늘은 증조부님 기일이다. 아무리 화가 나도 오늘만큼은 어린애들을 울리거나 나무라서는 안 되는 특별한 날이다. 우리 집안에 불문율로 내려오는 전통이고 가풍이다. 오늘 제사를 모시는 증조할아버지는 우리의 양할아버지시다. 할아버지 형제분께서는 돌아가실 때까지 한집에서 사셨다고 한다. 증조할아버지의 백씨 되시는 당신께서 생전에 자손을 생산하시지 못하여 맏이인 우리 할아버지가 양자로 입적한 어른이시다.

이 어른께서는 당신이 자손을 생산하지 못한 것이 커다란 한으로 맺혔던가 보다. 하여 자손 사랑이 남달랐다고 한다. 옛날 가난했던 시절 양할아버지 말년의 일이다. 때맞추어 그날 저녁 끼니로 콩죽을 쑤었다고 한다. 다 쑤어놓은 콩죽이 식으라고 큰 동이에 퍼 놓았는데 겨우 걸음마를 하는 할아버지가 그만 콩죽 동이에 오줌을 주르르 누고 말았다. 당황스럽고 놀란 증조할머니는 아이의 엉덩이를 한 차례 찰싹 때리며 지청구를 하였다. 그것을 지켜보시는 큰할아버지는 그 길로 저녁도 드시지 않고 방에 들어가서 방문을 걸고 식음을 전폐하였다. 동생 내외분이 아무리 용서를 빌어도 소용이 없었다. 그것이 마지막이었다.

하필이면 이런 날, 손자 녀석이 제사상을 둘러엎는 사고를 치고 말았다. 잠시 숨을 고른다. 어지럽힌 상을 행주로 말끔하게 닦아내고 다행히 남은 음식이 있어서 처음부터 다시 상을 차리기 시작한다. 그래도 어쩐지 마음이 찜찜하다. 제사상을 엎은 일도 마음에 걸리고 잠시나마 증조할아버지 제삿날 일을 저지른 외손자를 혼낸 일도 마음에 걸린다.

우리 집 제삿날이면 부모님과 동생들 그리고 아들, 딸이 손자들을 앞세우고 와서 항상 붐빈다. 그런데 오늘 제사는 나 혼자 지내야 할 입장이다. 시골에 계시는 연로하신 부모님은 거동이 불편하여 제사에 참례하지 못하시고 동생들도 이런저런 일로 올 수 없게 되었다. 게다가 부산에서 직장을 다니는 아들도 평일이라 오기가 좀 어렵다기에 오지 말라고 했다. 아내와 단둘이서 단출하게 제사를 모시기로 하였다. 그러던 차에 딸이 애들 데리고 온다고 기별이 왔다. 무척 반가웠다. 그렇게 찾아온 녀석이 사고를 치고 말았다.

오늘 제사를 모시는 증조할아버지가 영혼이 있어서 이 광경을 보셨다면 뭐라고 하실까. 답은 명징해진다. '쯧쯧, 못난 놈. 그까짓 제사상 좀 어지럽혔다고 그 귀한 손자를 혼내다니. 그러니까 애들이지. 아직은 멀었다. 멀었어!'라고 하시며 노하실 것이 분명하다. "할아버지 잘못했습니다. 못난 저를 혼내주십시오." 속으로 빌며 정성껏 잔을 올린다.

본래 우리 집 가풍에는 어린아이에게는 제사에 참여는 하되 잔을 올리지 못하게 하였다. 그러나 어쩔 수 없이 혼자 초헌初獻, 아헌亞獻, 종헌終獻을 해야 할 처지이니 큰마음을 내어 외손자들을 불러 세운다. 옛 어른들이 이르기를 외손봉사外孫奉祀도 있다고 하였다. 비록 외손자일지언정 큰 녀석을 맏이라고 아헌 잔을 올리게 하고 사고를 친 막내 녀석에게 종헌 잔을 올리게 하였다. "동현아! '할아버지 잘못했습니다.' 하고 절을 두 번 해."라고 하면서 달랜다. 녀석도 공손한 태도로 잔을 붓고 얌전하게 절을 한다.

명절 차례 때나 기제사 때 흔히 일어나는 광경이 있다. 어른들이 잔을 붓고 절을 하고 나면 밤이나 곶감 등이 하나씩 없어졌다. 그때마다 우리는 짓궂은 손자 녀석이 한 짓인 줄 뻔히 알면서도 모른 체하고 넘어간다. 우리도 어릴 때 그런 장난을 하고 자랐기 때문이다. 돌아가신 조상을 섬기는 일도 중요하지만, 자라나는 손자들이 더 귀하고 중하기 때문이다. 오늘 일만 해도 그렇다. 어린 마음에 녀석도 얼마나 놀라고 황당했을까. 부지불식간에 저질러진 일이다. 마음에 상처를 입지 않았으면 좋겠다. 아이들이기 때문에 이런 실수도 할 수 있다. 자라면서 오늘의 일이 하나의 추억으로 남을 것이다. 그러면서 어른이 되고 가풍 하나하나를 익혀나가겠지. 그리고 제 아들이 또 이런 일을 저지르면 혼을 내곤 하겠지. 이런 일들이 사람으로 살아가는 일이 아닐까.

(2013. 6. ≪대구문학≫)

삼시 세끼

30년 만에 찾아온 가뭄이라고 야단들이다. 본격적인 여름이 되려면 한 달은 더 있어야 하는데 벌써 가로수 잎들이 힘을 잃고 늘어지는 것 같다. 쩍쩍 갈라진 논에서는 애써 심어놓은 벼들이 말라가고 있고 밭작물은 극심한 가뭄에 목이 탄다. 덩달아 사람까지도 목이 타는 듯하다. 곳간에서 인심 난다고 했다. 어려운 시기에 농사라도 잘되어야 할 텐데 걱정이 많다.

사람은 누구나 신분의 높고 낮음이나 재산의 많고 적음을 막론하고 하루 삼시 세끼를 먹는다. 지위가 높다고, 재산이 많다고 하루 다섯, 여섯 끼니를 먹는 사람은 없을 것이다. 질의 차이는 있을지 몰라도 하루 세끼 식사를 하는 것은 거의 모든 사람의 오래된 관습이다.

별로 할 일도 없는 사무실에 혼자 앉아 애꿎은 신문만 뒤적이다가 시계를 본다. 12시를 넘기고 있다. 매일 혼자 먹는 점심 한 끼 챙겨 먹는 일도 만만한 일이 아니다. 손쉽고 사무실까지 배달해주는 짜장면, 짬뽕에 신물이 날 지경이다. 아무리 맛있는 음식도 어쩌다 먹어야 맛있는 법이다. 오늘도 점심으로 무엇을 먹을까 고민하다가 조금 멀기는 해도 오랜만에 토속된장국을 잘 끓인다는 한식집을 찾아가기로 했다. 점심 식사는 예로부터 마음에 점 하나 찍는 것이라고 했다. 해서 옛날 선비나 양반들은 대추 세 개로 점심 한 끼니를 때웠다고도 한다. 그러고 보면 먹는 것에 있어서는 어쩔 수 없이 나는 선비나 양반하고는 촌수가 닿지 않는 모양이다.

특별한 일이 없는 한 주중에는 사무실에서 혼자 점심을 해결한다. 주말인 토요일과 일요일은 대체로 사무실에 나오지 않고 집에서 아내와 같이 점심식사를 하는 편이다. 농담을 잘 하지 않는 아내가 어디서 우스갯소리를 들었는지 눈웃음을 치며 말을 건넨다. 직장에 퇴직한 남편이 하루 세끼를 집에서 다 먹으면 '삼식 새끼'라고 한단다. 두 끼니만 먹으면 '두식이', 하루 한 끼니만 먹으면 '일식 씨'란다. 그러면서 "안 맞나? 맞제?"라면서 즐거워한다. 거기뿐이라면 또 괜찮다. "하루 네 끼를 찾아 먹으면 뭐라고 하게?"라고 하며 말을 이어간다. "당신은 몰랐지. 쫑

간나 새끼라 안 카나."

정말 가관이다. 남자들이 일생을 몸 바쳐 가족을 위해 뼈 빠지도록 직장에서 일하다가 늘그막에 퇴직하고 집에서 편히 쉬면서 하루 세끼 밥도 제대로 얻어먹지 못하게 생겼다. 여자들의 고충이야 왜 없을까마는 아무리 그렇다고 해도 너무 했다 싶다. 이대로 물러설 내가 아니다. 아니 이대로 물러서면 남자의 체면이 말이 아니다.

"그럼 하루 다섯 끼니를 먹는 사람을 뭐라고 하는지 아나?" 아내는 큰 눈을 더욱 멀뚱멀뚱하게 뜬 채 저 남자가 도대체 뭐라고 할까 궁금해 죽겠다는 눈치다. 한참 뜸을 들인 후 말문을 연다. "하루 삼시 세끼 다 찾아 먹고 저녁 밤참 먹고, 게다가 소주 한 잔까지 걸치는 사람이 있지. 바로 나야. 이런 나를 보면서 당신은 속으로 외치겠지. '졌다. 내가 당신한테 졌다. 오! 위대胃大한 그대여!'"라고 반격을 시작한다. 여기서 한 가지는 짚고 넘어가야겠군. 위대하다는 말은 능력이나 업적 따위가 훌륭하고 높다는 뜻이 아니라, 위가 대단히 크다는 말이란 것쯤이야 알고도 남음이 있겠지. 그래. 사랑하는 아내여, 까불지 마라. 내가 이래 봬도 만천하에 가장 위대한 당신 남편이다.

(2012. 10월호 ≪수필과비평≫)

느림의 미학

달팽이다. 오랜만에 보는 녀석이다. 동그란 자기 집을 등에 진 달팽이가 배춧잎에 붙어 있다. 아침 햇살이 좋은 날, 가을 배추밭을 돌보다가 작은 달팽이를 발견하였다. 이 녀석은 식물의 연한 잎을 먹고 산다. 그래서 그런가. 달팽이가 붙어 있는 손바닥보다 큰 배춧잎 한 귀퉁이가 조금 잘려나갔다. 올해에는 배추가 흉년이라 금추가 되었다는데 아마 이 녀석이 간밤에 먹어치운 모양이다.

나는 미동도 하지 않은 채 녀석을 뚫어져라 쳐다보고 있는데, 녀석도 낌새를 알아차렸는지 미동도 하지 않는다. 그러나 녀석의 더듬이는 분주히 움직인다. 적인지 아닌지를 탐색하는 중인지도 모르겠다. 한참을 가만히 있더니 서서히 움직이기 시작한다. 자기를 해치지는 않으리라고 확신을 한 것 같다.

녀석이 천천히 기어간다. 녀석의 움직임은 매우 느리다. 끈적한 습기가 있는 몸으로 기어서 이동하는 녀석이 지나간 뒤에는 흔적이 남는다. 한참을 기어가던 녀석은 또 움직임을 멈추었다. 왜, 그렇게 쳐다보고 있느냐고 항의를 하는지도 모르겠다.

달팽이를 보고 있으면서 상념에 잠긴다. 무엇이 그리도 바빴던가. 참으로 분주한 한 생을 살아왔다. 남다르게 집착이 강한 성격 탓인지도 모르겠다. 딴에는 열심히 산다고 생각했다. 어린 시절 못다 배운 한이 남아 있어서인지, 이일 저일 앞뒤 가리지 않고 배우고 찾아다녔다. 하여 나름대로 성과도 없지는 않았다. 그러나 때로는 나 자신에 도취되어서, 어느 때는 다른 사람이 듣기 좋은 말로 건성으로 칭찬해주는 한마디에 마냥 들떠서 살았는지도 모르겠다.

남들과 크게 다를 바 없는 소년 시절을 보내고 공무원의 길이 열렸다. 그리고 공무원의 신분이 내 의사와는 관계없이 공사公社 직원의 신분으로 변했다. 꽤 괜찮은 직장이라고 했다. 그래도 무엇이 부족했던가. 아니면 남보다 앞서 나아가고자 하는 욕망 때문이었던가. 불혹不惑의 늦은 나이에 대학에서 공부하고, 다음에 대학원을 졸업하였다. 그 후엔 불교에 심취하여 포교사 자격증을 손에 쥐기도 했다. 어디 그것으로 만족했다면 아내의 마음고생은 덜했을지도 모른다. 동양철학을 배워서 내 운명을 점쳐보겠다고 정신없이 뛰어다녔고, 어느 날 신문 한 귀퉁이에서 본 수필공부 안내에 눈길이 가는 순간 또 다른 마음의 방황이 시작되었다. 하여 자서전에 이어 수필집도 출판을 하였다.

아내가 언제부터인지도 모르게 가끔 지나가는 말로 한다. "참 별난 사람이야. 연구의 대상이지."라고. 그 말이 칭찬인지, 비아냥거림인지도 모르고 살아왔다. 아내도 그럴 것이다. 때로는 한번 마음먹은 것이면 무엇인가 이루고야 마는 남편이 자랑스럽기도 했으리라. 그러나 그것도 잠시뿐이었을 터이다. 이런 일 저런 일 닥치는 대로 저지르고 다니는 사내와 살면서 불안하고 조마조마하게 마음 졸이며 살아온 날이 더 많았을 것이다. 그래도 남편이니 대놓고 말은 못하고 '참 별난 사람이다.'라고 하는 것이다. 남들처럼 그 시간에, 그 열정으로 가족을 사랑하고 보살펴주지는 못할지라도 아내의 쓰린 속내만이라도 알았어야 했다. 오죽했으면 "이제는 다 같이 늙어가는 나이에 조용히 좀 삽시다!"라고까지 할까.

열심히 노력하고 뛰어다녀서 작은 무엇을 이루고 또 얻었다고 그것이 정녕 성공한 삶이었을까. 단순한 인간의 눈높이 저울만으로는 계산할 수 없는 것이 인생인데 말이다. 그러고 보니 빠름의 효율성만 알았지 느림의 미학을 알지 못하고 살아왔다. 끊임없이 앞을 향해 달리는 기관차처럼 나아갈 줄만 알았지, 나를 뒤돌아보는 마음의 여유를 갖지 못하였다. 그것이 집안의 내력으로 타고난 천성 탓이라고만 치부하고 말 것인가. 잘난 체 하고 싶은 어설픈 욕심과 집착에 사로잡혀 이순耳順의 나이를 훨씬 넘긴 지금까지 겉멋만을 쫓아다녔는지도 모르겠다.

상념에 젖어 있는 사이 달팽이가 어디론가 숨어버리고 보이지 않는다. 우연히 마주한 녀석을 애써 찾으려고도 하지 않는다. 전 같으면 애써 가꾼 배춧잎을 조금 갉아먹었다고 어김없이 찾아내어 살육을 감행했으리라. 그러나 뒤돌아선다. 녀석이 뜯어먹는다 한들 얼마나 먹어치우겠는가. 한갓 미물의 습성대로 살아갈지라도 내가 가지지 못한, 그래서 이제는 아내에게 한없는 미안함으로 돌아오는 느림의 미학을 녀석을 가지고 있기에 용서를 하는 것이다.

(≪수필문예≫ 9집 2011. 1.)

건배사

새해가 밝았다. 새해가 시작하면 직장에서는 시무식으로 새해의 새로운 각오를 다지게 된다. 또한, 1월에는 각 단체에서는 신년교례회 등으로 모임을 자주 가진다.

직장에서 퇴직한 지 벌써 8년이나 되었으니 기분 좋은 시무식에 참석하여 덕담을 주고받을 일이야 없지만, 이런저런 사회모임에 가입되어 있어 신년교례회에는 몇 번 참석하게 된다. 이런 모임에서 빠지지 않는 요식행위가 바로 건배를 하는 것이다. 건배는 사전적인 의미로 '술잔의 술을 다 마셔 비운다'는 뜻과, '서로 잔을 들어 축하하거나 건강 또는 행운을 비는 일'을 말한다. 건배할 때는 으레 건배사를 하게 된다. 건배사는 한때 군사문화라고 하여 좋지 않게 생각하는 경향도 있었다. 그러나 그것도 잠시 찻잔의 태풍이었을 뿐이고 지금은 모든 모임에서 빠지지 않고 건배사를 한다. 건배사는 간단한 덕담에 이어 건배사에 걸맞은 구호를 제창하게 된다. 흔히 덕담을 담은 건배사와 구호를 합쳐서 건배사로 부른다.

건배사의 유래는 고대 로마시대 지중해 패권을 놓고 다투던 카르타고의 병사가 로마군이 즐겨 마시는 포도주에 독을 탄 데서 비롯되었다고 한다. 이후 로마에서는 반드시 건배를 하고 독이 들지 않았음을 확인 시키는 풍습이 생겼다고 한다.

건배사로 치면 우리만큼 유별난 나라도 드물 것 같다. 옛날이나 지금이나 가장 흔한 건배사의 구호는 '위하여!'다. 좋은 뜻으로 이 모임에 참석한 모든 사람의, 모든 것을 위하여 건배하자는 뜻이다. '위하여'는 애초 군사문화에서 시작되었다 한다. '국가와 민족을 위하여'라는 거창한 구호에서 앞에 문장은 생략되고 '위하여'가 되었을 것이다. 그러나 이 건배사를 들을 때마다 어딘가 애매모호하고 두루뭉술하게 넘어가는 것 같아 항상 미진한 구석이 남아 있다.

내가 직장에 근무할 때 어느 상사분은 조금은 특이한 건배사를 제의한 적이 있었다. 상사께서 술잔을 들고 "됐나!" 하고 외치면 모두가 한목소리로 "됐다!"라고 외쳤다. 당시에는 새로운 건배사에 신선함을 느꼈고 구성원 사이에 간격을 없애는 구호라고 생각되어 무척이나 좋아하였다. 그 후 나도 모임에서 이 건배사를 많이 애용했다.

시대가 변하고 세월이 흐르면서 건배사도 차츰 변하게 된다. 새로운 건배사가 유행가만큼이나 새로 생기고 없어지곤 했다. 그러다 어느 날부터인가 건배사는 첫 글자만을 따서 줄이는 것이 유행처럼 변했다. 그 가운데 오래 기억에 남는 것으로 '당나발' 또는 '개나발'이다. 조금은 외설스럽기도 하고 욕설같이 들리기도 하지만, 그 뜻은 '당신과 나의 발전을 위하여' '개인과 나라의 발전을 위하여'라고 한다. 하여 '개나발' '당나발'이라고 외치는 건배사는 꽤 오랫동안 사람들의 입에 오르내리며 사랑을 받았다.

그것도 실증을 느꼈는가. 언제부터인가. '당신 멋져.'라는 말이 유행처럼 번져가기도 했다. 글자 그대로 '당신이 멋있다'는 뜻도 있으나 본래의 뜻은 '당당하고 신나고 멋있게, 그러나 때로는 상대방에게 져주기도 하자.'라는 말이란다. '당신 멋져.'가 주춤할 때쯤 뒤를 이어 나온 건배사가 '오바마'다. 마침 미국 대통령 이름이 오바마인 영향도 있었으나 본래의 뜻은 '오직 바라는 대로 마음먹은 대로'라는 뜻을 담고 있다. 이 건배사가 한창 유행할 때 정부의 고위직 한 분은 '오바마'라는 건배사를 잘못 인용하여 '오빠, 바라보지만 말고 마음대로 해.'로 농담을 했다가 하루 아침에 높고 귀한 감투까지 벗어놓아야 했단다.

얼마 전에 귀한 분한테 들은 건배사가 머릿속에서 맴돈다. 그분은 '빠삐따'로 하자고 했다. 그 뜻은 '모임에 빠지지 말고, 삐딱하게 삐치지 말고, 따지지 말자!'라는 뜻이란다. 신선한 느낌이 드는 건배사다. 어떤 모임이든지 참석이 우선적이고 작은 일에 삐쳐 모임에 나오지 않는 것은 아주 좋지 않은 결과를 가져온다. 또한, 매사에 미주알고주알 따지는 소인배적 행위도 결코 좋은 모습은 아니다.

이 외에도 만사형통 운수대통 의사소통을 뜻하는 '통통통'이 있고, 소통과 화합이 제일이라는 '소화제'도 있다. 이렇게 많은 건배사 중에 압권은 '너나 잘해.'라고 생각한다. 그 뜻은 '너와 나의 잘 나가는 새해를 위해'라고 하지만 듣기에 따라서 냉소적이고 조소적인 뉘앙스가 풍기는 건배사다.

모임에서의 건배사는 분위기를 고조시키고 조직의 화합을 다지는 역할을 한다. 하여 건배사는 대개 그 모임의 상석에 해당하는 몇 사람이 하게 된다. 건배사를 하는 사람도, 같이 복창하는 사람도 한마음으로 건배사를 외치지만, 잠시뿐이다. 건배사가 너무 흔하다보니 단지 식순의 하나로 간주하는 경향이 있다. 게다가 장황하게 사족이라도 붙이면 지루하게 생각한다.

시대의 변화만큼이나 다양한 건배사가 또 생겨나고 없어질 것이다. 내년 이맘때쯤에는 어떤 건배사가 우리를 기쁘게 할는지 벌써 궁금증이 일어난다. 우리 국민 전체를 하나로 묶을 수 있고 품격을 지닌 건배사의 구호가 기대된다.

(≪수필과비평≫ 2011년 3월호)

아름다운 무덤

붉은색 영산홍과 백색 능금꽃의 유혹에 빠지는 계절이다. 때늦은 봄바람이라도 찾아왔던가. 새로운 이야기를 찾아 친구 J 형과 같이 여행길에 오른다. 지금 찾아가는 곳은 초행길은 아니다. 우연한 인연으로 십여 년 전 알게 되어 찾아가 보았던 곳이다. 예나 지금이나 그 흔한 안내판 하나도 설치되어 있지 않은 곳을 기억을 더듬으며 찾아간다. 영천 땅 화북면에서 보현산 천문대 입구를 지나 자양면 거동리로 가는 길목에 아주 특별하고 아름다운 무덤이 있다. 시골 길옆에서 보는 흔한 그런 무덤이 아니다. 그러나 자세히 보지 않으면 그냥 지나칠 수도 있는 후미진 곳에 자리를 잡고 있다.

드디어 찾았다. 몇 년 전에는 없었는데 그 사이 누구 애써 만들었을까? 들어가는 입구를 자연석으로 마치 독립문처럼 장식해놓았다. 땅에 박힌 자연석 위에 역시 제멋대로 생긴 거대한 바윗덩어리로 벽을 쌓고 그 위에 커다란 너럭바위 둘을 나란히 얹어놓아 장식하였으나, 거친 농부의 손마디만큼이나 투박하다.

무덤은 두 기가 나란히 있다. 이것이 부부의 무덤이라면 우리나라 장례풍습에 따라 왼쪽 무덤은 남자의 무덤이겠고, 오른쪽은 여자의 무덤이 분명하다. 먼저 우측 무덤에 눈길을 돌린다. 바닥에 콘크리트로 포장하고 그 위에 원형의 기둥을 둘로 갈라 벌려놓은 듯한 형태의 1미터가 조금 더 되게 기단을 마련하였다. 그 위에 다시 콘크리트를 덮고 시신을 안치한 후에 흙으로 봉분을 쌓았다. 마치 옛날 고인돌 위에 무덤을 만들어놓은 듯한 모양새가 특이하다. 두 개의 반달 모양의 기둥이 서 있는 사이는 사람이 지나다닐 수 있을 정도의 폭으로 길을 터놓았다. 그리고 거기에 작은 나무 의자 세 개가 나란히 놓여있다.

1980년대 초 동대구역 부근에는 걸인乞人이 살고 있었단다. 거지 오吳씨는 임林씨 성을 가진 부인과 함께 나름대로 행복하게 사랑하며 아들, 딸을 낳으며 알뜰살뜰하게 살았다. 남자는 걸인으로 푼돈을 모으고 여자는 날품팔이 노동일로 알뜰히 재산을 모아나갔다. 호사다마好事多魔라고 했던가. 오씨가 60세 즈음에 사랑하는 부인 임씨가 심장병으로 갑자기 죽자 애석한 마음에 그동안 모아온 전 재산을 털어 이곳에 작은 땅을 마련하고 묘를 만들었다.

인도의 아그라에 있다는 세상에서 가장 아름다운 아내를 위한 무덤인 타지마할을 감히 꿈꾸었던가. 그도 아니라면 서럽게 살아온 한평생이 그리도 한스러웠던가. 생전에 가장 낮은 신분으로 살아가면서 큰 소리 한번 쳐보지도 못하고 천대와 괄시 속에서 서럽게 살다간 아내가 가련하기도 했겠지. 죽어서라도 서러운 세상의 인연을 끊고 좀 더 높고 편안한 곳에 태어나기를 바라는 지극한 정성을 모았으리라. 그래서 차마 아내의 주검을 땅에다 묻지 못하고 높은 기단 위에 성스럽도록 아름다운 무덤을 만들었다. 아하! 그래서 여기는 연인이나 아내와 같이 오면 안 되는 곳이라고 하는구나.

좌측 무덤으로 눈길을 돌린다. 이 역시 평지에 원형의 콘크리트 성벽을 쌓고 지붕도 콘크리트로 마감하였다. 그리고 외벽에는 짙은 에메랄드빛 타일로 장식하였다. 얼핏 보기에는 소규모 납골당을 닮았으나 외벽이 아주 화려하다. 쪽빛 타일이 햇빛에 반짝이기 때문인가. 서양의 아름다운 건축을 보는 것 같은 황홀함에 상상을 날개를 넓혀준다. 벽 중간에는 접시 크기의 둥근 유리창을 내어놓아 안을 훤히 들여다볼 수 있게 되어있다.

유리창은 몇 군데는 파손이 되어있다. 창을 통하여 안을 들여다보니 시신을 담은 관 하나가 놓여있다. 관 위에 덮은 광목천도, 관을 묶은 줄도 처음 그대로의 모습이다. 세월이 지나 퇴색하기는 했어도 입소문으로 찾아오는 길손이 있었던가. 나무관 주위에는 작지 않은 동전과 종이 돈 몇 장이 떨어져 있다. 전생에 거지의 신분이었음을 알고 있는 길손이 애석하고 가련한 마음에서 주검을 향해서도 몇 푼의 돈을 적선하였으리라.

이 무덤이 남자의 무덤이라면 누가 이렇게 특이한 무덤을 만들었을까? 남자의 유언에 따라 자식들이 아름답게 만들었으리라 짐작이 된다. 어찌 되었든 누군가 묘를 관리하는 사람은 있는 것이 분명하다. 석등도 갖추었고 최근에 손을 본 듯한 입구와 연자방아 두 쌍이 눈길을 사로잡는다.

아내의 무덤 곁에 작고 초라해 보이는 비석 하나가 자리를 차지하고 있다. 정제되지 않고 투박하면서도 솔직함과 애석함이 동시에 느껴지는 비문이 오래도록 눈길을 놓아주지 않는다.

"여보. 울어도 보고 통곡도 하였소. 이래도 한세상, 저래도 한세상. 부디 몸 건강하시오, 마누라."

(2012. 9월호 ≪수필세계≫)

유아무와唯我無蛙

하다못해 면장 자리 하나를 하려고 해도 논두렁 정기라도 받고 태어나야 한다고 했다. 일인지하一人之下 만인지상萬人之上이라고 한다. 그런데 일국의 대통령 바로 밑의 높은 자리인 국무총리다. 옛날 같았으면 정승 났다고, 집안 경사라고 큰 잔치를 벌이고 온통 조선 팔도가 떠들썩했을 자리다. 그 귀하고 높은 자리에 오르신 분이 이게 웬 말인가. 어느 날 갑자기 매스컴에 오르내리더니 5년의 심판 끝에 푸른 죄수복을 입는 신세가 되고 말았다. 또 한 분은 지금 죄가 있는지 없는지. 그 죄가 있다면 그 값은 얼마만큼 치러야 하는지 심판을 받는 중이다. 게다가 어느 도지사님까지 연루되어 있고 전, 현직 높은 고관들도 같이 엮여있다. 통탄할 일이다. 지금이 자주독립 국가이니 독립운동을 하다 잡혀간 신세도 아니다. 높은 자리에 있을 때 뇌물을 받았다는 죄목이다. 어디 그뿐이겠는가. 썩어도 너무 썩었다. 해서 옛 고사 하나를 여기에 싣는다.

고려 시대 어느 임금님이 하루는 단독으로 야행夜行을 나갔다가 깊은 산중에서 날이 저물었다. 다행히 민가를 하나 발견하고 하룻밤 묵어가기를 청했다. 집주인은 조금만 더 가면 주막이 있다고 알려주었다. 임금님은 할 수 없이 발길을 돌려야 했다. 그런데 그 집 대문에 붙어있는 글이 임금님을 궁금하게 했다.

'나는 있는데 개구리가 없는 것이 인생의 한이로다.'

도대체 개구리가 뭘까. 한 나라의 임금으로 어느 만큼의 지식은 갖추었기에 개구리가 뜻하는 것을 생각해 봤지만, 도저히 감이 잡히지를 않았다. 주막에 들러 국밥 한 그릇을 시켜 먹으면서 주모에게 외딴집에 대하여 물어보았다. 그는 과거에 낙방하고 마을에도 잘 나오지 않으며 집안에서 책만 읽으면서 살아간다는 소리를 들었다. 그래서 궁금증이 발동한 임금님은 다시 그 집으로 가서 사정사정하여 하룻밤을 묵어갈 수 있었다. 잠자리에 누웠지만, 집 주인의 글 읽는 소리에 잠은 저만치 달아나 버리고 결국 주인에게 면담을 신청하였다.

그렇게 궁금하게 여겼던 유아무와唯我無蛙 인생지한人生之恨 이란 글에 대하여 물어보았다. 선비가 이르기를 '옛날에 노래를

아주 잘하는 꾀꼬리와 목소리가 듣기 거북한 까마귀가 살고 있었단다. 하루는 꾀꼬리가 아름다운 목소리로 노래하고 있을 때 까마귀가 꾀꼬리한테 누가 노래를 더 잘하나 하는 내기를 하자고 했다. 3일 후에 노래 시합을 하기로 하였다. 심판은 백로가 맡았다. 꾀꼬리는 어이가 없었지만, 월등한 자기의 실력을 믿는지라 흔쾌히 승낙하였다. 꾀꼬리는 3일 동안 목소리를 다듬었다. 반대로 까마귀는 연습은 하지 않고 자루 하나를 가지고 논두렁의 개구리를 잡으러 돌아다녔다. 그렇게 잡은 개구리를 백로에게 바치며 뒤를 부탁한 것이다.

약속한 날이 되었다. 꾀꼬리와 까마귀는 노래를 한 곡씩 부르고 심판인 백로의 판정만을 남겨 두었다. 꾀꼬리는 자신이 생각해도 아주 고운 목소리로 노래를 잘했기에 승리를 장담했지만, 결국 심판인 백로는 까마귀의 손을 들어주었다고 한다.'

이 말은 선비였던 이규보李奎報 선생이 임금님한테 불의와 불법으로 얼룩진 나라를 비유해서 한 말이다. 이규보 선생이 자신이 생각해도 그의 실력이나 지식은 어디에 내놓아도 지지 않는데 과거를 보면 꼭 떨어진다는 것이다. 돈이 없고 정승 판서의 자식이 아니라는 이유였다. 자신은 노래를 잘하는 꾀꼬리 같은 입장이지만, 까마귀가 백로한테 상납한 개구리 같은 뒷거래가 없었기에 번번이 낙방하고 초야에 묻혀 살고 있다고 했다.

그 말을 들은 임금님은 이규보 선생의 품격이나 지식이 고상하다고 느꼈다. 자신도 과거에 여러 번 낙방하고 전국을 떠도는 떠돌이인데 며칠 후에 과거가 있다 해서 개성으로 올라가는 중이라고 거짓으로 꾸며 말했다. 궁궐로 돌아와 임시과거를 열 것을 명하였다.

과거를 보는 날이다. 이규보 선생도 다른 사람들과 같이 마음을 가다듬고 준비를 하고 있을 때 시험관이 내건 시제가 '유아무와唯我無蛙 인생지한人生之恨'이란 여덟 글자였다고 한다. 다른 사람은 그 뜻을 몰라 어리둥절한 사이 이규보 선생은 임금님이 계시는 곳을 향해 큰절을 한 번 올리고 명쾌하게 답을 적어냄으로써 장원급제하여 차후 유명한 정치가가요 학자가 되었다고 전해진다.

이규보는 고려 말기의 사람이다. 이규보의 생애에 대해서는 설왕설래가 많지만, 대서사시 ≪동명성왕≫을 짓고 그 외에 수많은 시를 남겨 절세시인으로 칭송을 받는 사람이다. 이 글에 대해서는 진위가 불분명하지만 예로부터 전설처럼 전해져온다.

사람이 모여서 살아가면서 인정을 나누는 작은 선물쯤이야 있을 수 있다. 인정으로 주고받는 작은 선물이 때로는 사람끼리 정을 나누고 인간관계를 돈독하게 하는 매개체가 되기도 한다. 허나 높으신 분들이 자기의 지위를 이용하여 직위와 관계가 있는 사업자로부터 청탁과 함께 받았다 하면 수천만 원이요 억 소리가 나는 돈은 눈 하나 깜짝하지 않고 챙겼다. 그냥 넘어갈 줄 알았을 것이다. 그러나 대명천지에 비밀이 언제까지 묻혀있을 것인가. 그러고도 뻔뻔스럽게 정치적 탄압이라고 큰소리치고 들어갔다.

국민의 뜻을 대변한다는 국회의원에 세 번이나 당선된 어느 분은 그래도 양심이 좀 있었다. 뇌물인지 정치자금인지는 모르겠으나 뭉치의 돈을 받은 사실이 들통이 나자 바로 국민에게 사과하고 제 발로 걸어서 교도소로 들어갔다. 그렇다고 면죄가 되는 것은 아니다. 국가에서 국록을 받는 높으신 분들이 뇌물 받는 일은 다반사요 터졌다 하면 계집질로 망신을 당하고도 뻔뻔하게 낯을 들고 다닌다. 겉으로 드러난 이것이 전부라면 그래도 우리나라는 장래 희망이 보이겠다. 드러나지 않았을 뿐인 비슷한 사건이 얼마나 있을까. 차라리 신문이나 방송을 보지도 듣지도 않는 것이 속 편한 일인지도 모르겠다.

위의 고사를 읽으면서 갑자기 오래전에 발표된 김지하 신인의 담시 〈오적五賊〉이 머리에서 떠오른다. '재벌, 국회의원, 고급 공무원, 장성, 장 · 차관'이라는 다섯 종류의 권력자들이다. 그들은 수단과 방법을 가리지 않고 은밀한 구석에서 뒷거래하고 자신의 배를 채우고 있다. 게다가 자신의 배를 채우는 것도 모

자라 자식에게까지 권력을 대물림하려고 온갖 술수를 다 부리고 있다. 언제쯤이면 이런 뉴스가 사람의 입에 오르내리는 일이 없이 밝은 대한민국, 희망찬 우리나라가 될 수 있을까. 이러한 희망을 바라는 것도 힘없는 필부의 객기일까? 하기야 어떤 사람은 말했다. 직위가 높아지고자 함은 잘 먹고 편하게 살려고 하는 것이라고…….

(2015. 12. ≪영남수필≫ 47집)

효자 정재수

해맑은 가을 하늘과 노란 산국이 어울리는 늦은 가을이다. 고향으로 가는 길을 기분 좋게 달린다. 가을 시제時祭를 모시기 위하여 가는 길이다. 어느 산모퉁이를 돌아가는데 '효자 정재수 기념관'을 현판이 눈에 잡힌다. 매년 이때쯤이면 지나는 길인데도 무심하게 지나쳤었다. 시제가 끝나면 다시 이 길로 나와야 한다. 오늘은 기념관을 꼭 들러서 보기로 작정을 한다.

내 고향 상주 땅 화남면 사산리에 효자 정재수 기념관이 있다. 내가 고향에서 다니던 초등학교에서 약 십여 리 조금 넘는 거리에 산산초등학교가 있었다. 정재수가 다니던 학교다. 세월의 흔적만큼이나 변하여 지금은 폐교되었고 그 자리에 기념관을 열었다. 고운 잔디로 다듬어진 운동장을 건너서 건물 입구에 있는 소년 정재수의 앉아있는 동상이 우리 일행을 반긴다.

소백산맥을 잇는 백두대간 줄기에 자리 잡은 고향 땅 상주에는 옛날이나 지금이나 겨울이면 눈이 많다. 1974년 겨울날이었다. 정재수는 아버지와 함께 큰집이 있는 충청북도 보은군 마로면으로 설을 쇠려고 가던 중이었다. 갑자기 폭설이 내려 30cm도 더 되는 눈길을 걸어가던 중 마루목재에서 아버지가 눈길에 갇혀 쓰러지고 말았다. 그때 나이 겨우 열 살밖에 되지 않은 초등학교 2학년인 정재수는 아버지를 구하려고 자신의 옷을 벗어 덮어주며 가진 애를 다 썼으나 끝내 하늘나라로 가고 말았다. 얼마나 춥고 무서웠을까? 자신의 윗옷을 벗어서 아버지를 덮어주고 그 위에 쓰러져 꽃다운 생을 마감한 두 사람은 뒤늦게 발견된다. 어린 나이에 불쌍하게 생을 마친 그를 발견한 사람들은 정재수의 효행이 너무도 깊고 가련하다 하여 상주시의 도움을 받아 이곳에 기념관을 마련하였다.

효자 정재수실로 들어선다. 아담하고 귀여운 흉상 앞에 잠시 고개를 숙이며 예를 표한다. 천천히 유물 하나하나를 돌아본다. 옛날 그가 살던 생가와 큰집의 모습을 아담하게 재연해 놓았다. 무엇보다 눈길을 잡고 놓아주지 않는 것은 효자 정재수와 그의 아버지 장례식 장면이다. 통곡하는 울음 속에 정든 집을 떠나는 두 사람의 운구 행렬이 기막히도록 잘 표현되었다. 생전에 그가 쓰던 책이며 공책들과 연필 등 유물도 번듯하게 한 자리를 차지하고 있다.

그가 다니던 사산초등학교 2-1반 교실도 아담하게 복원해 놓았다. 나무로 만들어진 책상과 의자에 장작을 연료로 사용하는 투박한 무쇠 난로 위에 노란 양은 도시락이 얹혀있고 손때 묻고 오래된 풍금도 있다. 선생님의 풍금 소리에 맞추어 동요를 부르는 주인공의 모습이 파노라마처럼 떠오른다. 옛날 우리도 어릴 때 그랬다. 음악 시간이면 학교에 한 대밖에 없는 풍금을 개미 역사하듯이 여럿이 교실로 옮겨오고 선생님이 풍금으로 반주하며 가르치는 동요를 목청껏 불렀었다.

겨우내 쌓이고 다져진 눈길 위에서 몰아치는 눈보라를 맞으면서도 자신의 옷을 벗어 죽어가는 아버지를 살리려고 덮어줄 수 있을까. 나도 부모님이 살아계신다. 젊은 시절 항상 외지로 다니면서 운수사업을 하던 아버지와 나란히 걸어본 기억이 가물가물하다. 내년이면 졸수卒壽라고 하는 구순九旬을 맞이하시는 아버지시지만 죽을 각오를 하고 봉양해드리지 못한다. 그저 자식으로서 당연히 해야만 하는 최소한의 도리만 하고 있다. 8대 종손으로 철 따라 윗대 조상님들 기제사에 가을 시제까지 모시고 있지만, 전통적으로 전해져 내려오는 연례행사로 하고 있을 뿐이다.

기념관의 효행실로 발길을 돌린다. 부모은중경이 제일 먼저 눈에 들어온다. 부모은중경을 차근차근 읽어내려 간다. 열 가지 부모님의 은혜를 설해놓은 부처님의 가르침이다. 그중에서도 마지막 열 번째인 '구경연민은究竟憐愍恩' 즉, 끝까지 자식을 위해 어여삐 여기는 은혜' 대목을 읽으면서 발길을 쉽게 돌리지 못한다. '부모님의 은혜는 깊고도 무거워 사랑하고 어여쁘게 여기심 그칠 때가 없네. 일어서나 앉으나 마음은 서로 따르고 멀거나 가깝거나 생각하는 정 서로 따르네. 부모님의 나이 백 살이 다 되셨는데도 팔십 된 자식을 항상 걱정하시네. 이 은혜 언제라고 그칠까. 이 목숨 다한 뒤라야 떠나리.' 갑자기 하늘을 우러러볼 수가 없다. 부끄럽고 죄송스러운 마음만 가득하다.

오복

어금니 한 개가 시큰거리고 욱신욱신 아파 온다. 이가 아프니 모든 신경이 곤두서고 온몸이 다 아픈 것 같다. 탈이 나도 단단히 난 모양이다. 오늘은 치과의원에 가야지 하면서도 미련스럽게 며칠을 참고 견디었다. 이가 아픈 것도 문제지만, 치과의원을 가야 한다는 생각만으로도 짜증이 밀려온다. 부분마취를 하고 치료를 하므로 아픔은 없다고 하나 강한 금속성 기구가 치아에 닿는 감각과 빠르게 회전하는 전동기구로 치아 표면을 갉아내는 치료과정을 생각만 하여도 진저리치게 한다. 더 이상은 참지 못하고 도살장에 끌려가는 황소 꼴을 하고 치과의원을 찾았다. 치과에서 치료는 거의 한 번의 치료로 끝나지 않고 며칠을 계속 다녀야 한다.

우리 집안 내력 탓인지 비교적 치아는 튼튼한 편이다. 충치가 심하여 어금니 몇 개는 보철을 하였으나 그래도 튼튼한 치아가 있어서 이 나이에 이것저것 가리지 않고 음식물을 먹는 데 큰 어려움을 느끼지 못하고 살아왔다. 사람이 평생을 살아가면서 누릴 수 있는 최상의 다섯 가지의 복을 오복이라고 한다. 흔히 나이가 많아서 치아가 튼튼함을 오복五福 중에 하나라고 한다. 오복의 개념에도 유교적 개념과 민간인에게 전해오는 오복의 개념이 약간은 다르다고 한다.

예로부터 유교에서 가르치는 오복을 살펴보면 첫 번째는 수壽로 젊어서 요절하지 않고 오래 살아서 천수天壽를 다함을 말한다. 두 번째는 부富를 말하며 남에게 손해를 끼치지 않고 남을 괴롭히지 않으며 불편하지 않을 만큼 재물을 보유하여 경제적으로 풍족하게 사는 것을 말한다. 세 번째는 강녕康寧이다. 강은 육체적 건강을 말하고 녕은 마음의 건강을 말하는 것으로 몸과 마음이 깨끗하고 건강하게 살아가는 것이다. 네 번째는 유호덕攸好德이라고 한다. 덕을 좋아하는 일상적 태도로서 남에게 내 것을 주는 것을 좋아하고 남을 도우려 애쓰며 건전한 마음과 평온한 분위가 조성이다. 마지막으로 다섯 번째는 고종명考終命이다. 마지막 죽음에 임해 고통 없이 편안한 모습으로 생을 마치는 것을 말한다.

이것과 대조적으로 민간인에게 전해오는 오복은 첫 번째, 치아가 좋은 것을 말한다. 아마도 잘 먹는 것에 대해 말하고자 한 것으로 추측된다. 두 번째, 자손이 많은 것을 꼽는다. 옛 어른들은 자손이 많아서 대代가 끊어지지 않는 것을 큰 복으로 생각하였다. 세 번째는 부부가 해로偕老하는 것이다. 부부 중에 어느 한쪽이 먼저 죽지 않고 오래도록 같이 사는 것을 말한다. 네 번째는 접빈객接賓客이다. 내 집을 찾아오는 손님을 잘 대접하는 것도 큰 복으로 여겼다. 마지막으로 다섯 번째는 명당明堂 즉 좋은 자리에 편안하게 묻히는 것을 복으로 알았다. 아마도 죽어서 명당에 묻혀 자손들에게 복을 전해 줄 수 있는 것이 오복으로 생각하였을 것이다.

그러고 보면 유교적이든 민간에 전해오는 것이든 비교적 오복의 조건을 갖춘 것 같다. 끝이 없는 것이 사람의 욕심이지만, 재물에 대한 것은 풍족하지 않다고 하더라도 끼니를 거를 정도도 아니고 때로는 아주 적은 금액이지만 남모르게 불쌍한 사람을 도울 수도 있으니 이만하면 만족하지 않을까.

어느 날 고향 친구 몇 명과 어울려 이런저런 담소를 나누는 가운데 오복에 관한 이야기가 나왔다. 이야기는 발전하여 인간에게 오복이 있다면 그다음 육복六福은 무엇일까 하는 엉뚱한 방향으로 번졌다. 설왕설래하는 중에 농담 좋아하고 입담 센

한 친구가 이르기를 남자와 여자가 가지는 육복은 각각 다르다고 했다. 여자의 육복은 돈 많고 나이 많은 서방님이 일찍 죽는 것이고, 남자가 누릴 수 있는 육복은 숨겨놓은 애인을 삼 년 동안 마누라에게 들키지 않고 재미를 보는 것이라고 해서 한바탕 웃음바다로 만들었다.

오복은 사람이 살아가는 데 최상의 행복한 삶을 말한다. 그러나 행복이란 것은 너무도 주관적이다. 주관적이기 때문에 모든 사람이 느끼는 행복의 기준은 다를 수 있다. 부처님의 가르침 중에 으뜸으로 꼽는 화엄경에서는 일체유심조一切唯心造라는 말이 있다. 모든 것이 마음먹기에 달려 있다는 말이다. 그러고 보면 다리 밑의 거지도 감출 것이 있고 자랑할 것이 있다고, 제 나름대로 편하게 생각하고 살아가는 것이 최상의 복일 것이다.

피할 수 없다면 차라리 즐기라고 했다. 이까짓 치통 정도로 호들갑이냐고 할는지도 모르겠지만, 치통을 앓아본 사람은 그 고통을 안다. 며칠만 고생하고 나면 아픔도 사라질 테고 좋아하는 음식을 마음껏 먹을 수 있을 것이다. 그때가 되면 삼겹살 한 근 사다가 아내와 마주앉아 지글지글 노릇노릇하게 구워 놓고 황금 두꺼비도 한 마리 잡아다가 "캬!" 하며 마시고 싶다. 이게 바로 행복이고 오복이다.

(2014. 11. ≪대구수필과비평≫ 4집)

발지지옥

한적하고 조용한 산사를 찾았다. 이런저런 일로 아내와 냉전이 앙금이 되어 어수선해진 마음을 달래볼 요량이다. 부처님께 향 한 대 피워 올리고 정성껏 삼배를 올린다. 여름날 시원한 법당 마루에 앉아 상념에 잠기다 눈을 들어 부처님을 올려다본다. 높은 자리에 앉으신 부처님은 빙그레 웃으시며 무언의 법문을 하고 계시지만, 아둔한 중생의 귀에는 한마디도 들리지 않는다.

부부간에 살아가면서 큰일 때문에 감정이 상하고 싸우는 경우는 극히 드물다. 무심코 대화 중에 나온 사소한 한마디 말이 상대방의 감정이 상하게 하고 그것이 빌미가 되어 말다툼이 일어난다. 그럴 때면 조심해야지 다짐을 두지만, 사람이 입을 봉하고 살 수도 없는 노릇이니 또 실수하게 된다. 그렇다고 딱히

나만 그런 것은 아닌데 속 좁은 여자라서 그런가, 매번 아내는 토라지고 또 그것을 수습하려고 애를 태운다. 항상 내가 손해 보는 느낌이지만 어쩔 수가 없다.

스님들의 묵언수행默言修行을 떠올려본다. 묵언수행이라도 하게 되면 아내와 감정이 상하는 불상사는 없어지겠지만, 부부가 등 기대고 살아가는 정은 어떻게 전할까. 그러고 보면 몇 년씩 면벽수행面壁修行을 하는 스님은 고사하고 묵언수행으로 몇 년을 보내시는 스님은 그것만으로도 정말 대단한 수행이다. 마음속에는 꼭 한번 해보고 싶은 수행이지만, 범부로 살아가면서 흉내조차 낼 수 없는 일이다. 아내와 냉전 중에도 하루를 참지 못하고 내가 먼저 말을 붙인다.

매일 주고받는 말의 기능은 참으로 다양하다. 우리는 말로 자기의 의사표시를 하고 사랑과 정을 나눈다. 그러나 무심코 내뱉은 한마디의 말이 상대방의 기분을 상하게 하고 가슴을 찌르는 일도 적잖았다. 해서 옛날부터 세 치 혀를 조심하라고 일렀다. 요즈음 사람들의 말이 너무 거칠다고 한다. 어른들도 그렇지만 청소년들의 말이 더 거칠어졌다. 말인지 욕인지 구분이 곤란하도록 주고받는 그들의 대화는 정말 가관이다. 격의 없는 친구끼리 주고받는 농담으로 받아넘기면 그만이라고 하면 할 말이 없다.

옛날 사람들도 말로 인한 실수가 잦았던 것 같다. 2천5백 년의 역사를 자랑하는 불가佛家에서도 말에 대한 경계가 아주 심하다. 불가에서는 사람의 죄를 말할 때 몸으로 지은 죄, 입(말)으로 지은 죄, 마음으로 지은 죄 등 크게 세 가지로 나눈다. 이 세 가지 중에서 특히 입으로 지은 죄를 구업口業이라고 한다. 구업을 다시 세분하면 거짓말로 상대방을 속이는 망어妄語, 교묘하게 잘 꾸민 말로 다른 사람을 현혹 시키는 기어綺語, 이 사람 저 사람에게 다른 말을 하여 서로 이간질하는 양설兩舌, 남에게 욕을 하고 험담을 하여 성나게 하는 악구惡口 등의 죄가 있다. 이러한 죄를 특히 엄중히 경계하여 무거운 죄를 취급하고 있다. 입으로 지은 죄인이 죽어서 가는 지옥이 바로 발설지옥拔舌地獄이다. 발설지옥을 표현한 지옥도를 보면 섬뜩해진다. 죄인의 혀를 길게 빼내어 지옥의 사자가 밭을 갈듯이 쟁기질을 하고 있다. 죄인의 혀에서는 붉은 피가 낭자하다.

요즈음의 젊은 사람들은 말로 대화를 나누는 것이 아니라 손가락으로 대화를 나누고 있는 경우가 많다. IT기술의 발달로 서로 마주 보지 않아도 대화를 나눈다. 인터넷과 휴대전화로 메일이나 문자메시지, 카카오톡 등으로 서로 대화를 나누고 있어 이들을 엄지족이라고도 부른다. 길을 가면서도, 차 안에서도 고개를 숙이고 열심히 엄지손가락으로 자판을 두드린다. 인터넷이 발달하기 전에는 말로 하던 대화가 지금은 엄지손가락으로 대화를 나누고 있으니 참으로 편리한 세상이 되었다. 하지만 문자로 주고받는 말은 상대방을 보고 하는 말보다 더 악한 말이 오간다는데 문제가 있다. 그뿐만 아니라 특정인의 특정 사실을 인터넷이나 SNS(social network service)에 올려 아주 심한 피해를 당하는 경우도 있다. 서울 지하철 막말녀, 개똥녀, 된장녀 등이 대표적인 사례이다. 게다가 멀쩡한 친구를 죽음으로 몰아가는 카톡 왕따, 여성과 이주노동자에 대한 기사마다 도배질을 하는 악의와 증오의 댓글, 밑도 끝도 없는 음모론, 여기에 '홍어택배' 운운하는 발언 등 이루 헤아릴 수 없을 정도다. 본디 사람의 손가락은 혀보다 감각이 무디어 사악한 말의 죄업을 더 많이 짓는 도구인지도 모르겠다.

말로 지은 죄를 무시무시한 발설지옥에서 다스렸다면, 손가락으로 주고받는 문자의 말로 생긴 죄는 어떻게 다스릴까. 손가락으로 죄를 지었으니 손가락에 쟁기질할 수는 없을 터, 아마도 발설지옥 옆방에 발지지옥拔指地獄이라도 새롭게 만들지 않았을까. 죄인의 열 손가락을 펄펄 끓는 기름가마에다 넣고 석 달 열흘 진배기 곰국 끓이듯이 푹 삶아낼지도 모르겠다. 그러고 보면 요즘 같은 문명사회에서 세 치 혀만 조심해서는 안 될 일이다.

놋수저

때는 여름이다. 집 앞 미루나무에 까치가 집을 지었고 새끼라도 까놓은 듯 부산한 기운이 가득하다. 태풍이 몰려온다는 뉴스가 끝나기 전에 하늘의 전쟁은 시작되었다. 검은 먹구름이 가득 몰려오고 거센 바람도 뒤를 잇는다. 그것도 잠시였다. 금방 천지를 뒤흔들고 세상을 다 집어 삼킬 듯한 폭풍우가 쏟아진다. 태풍이 몰고 온 폭풍우는 하루 이틀 시간이 지나가면 조용해지겠지만, 세상이 어떻게 되려고 이러는지 모르겠다. 일부이기는 하지만, 나라의 기둥인 젊은이들에게 희망을 잃어버리고 백척간두에 서 있다.

처음에는 삼포 세대三抛世代라고 했었다. 강원철의 노래 〈삼포로 가는 길〉을 주려서 하는 말인 줄 착각했다. 허나 그것도 잠시의 착각이었다. 20~30대 젊은 세대들이 치솟는 물가와 등록금, 취업난, 천정부지의 집값으로 인해 연애, 결혼, 출산을 포기한 세대를 일컫는 말이라고 했다.

다시 오포 세대라는 말이 뒤를 이어받았다. 삼포 세대의 연애, 결혼, 출산의 포기에 인간관계와 내 집 갖기를 포기한 세대를 일컫게 되었다. 여기까지만 해도 호사가들의 입방아려니 하고 있었다. 그런데 한 발 더 나아가 칠포 세대가 사람들 입에 오르내린다. 오포 세대에 꿈과 희망마저 포기한 세대란다. 이렇게 불안한 사회를 묘사한 단어들의 발전에 지쳤는지 드디어 N포 세대까지 이르게 되었다. N이란 원래 자연의 수인 natural number의 약자이다. 어떤 숫자라도 들어갈 수 있는 무작위적인 불특정의 수를 나타내는 말이다. 소위 88만 원 세대, 혹은 민달팽이 세대라고 하는 사람들을 일컫는 부정적인 말이다. 이렇게 N포 세대는 인간이기를 포기한 절망의 정점에 서 있는 말이 되고 말았다.

본래 사람들이 모든 것을 부정적으로 보기 시작하면 끝이 없는 법이다. 삼포 세대에서부터 N포 세대까지 부조리한 우리나라 현실을 직시하고 비꼬아 만든 말로 급기야 헬 조선이라고까지 말하게 되었다. 영어로 Hell은 지옥이란 말이다. 즉, 우리나라를 일컬어 지옥 같은 한국이라고 부르는 신조어가 되었다.

헬 조선이라는 말을 가져오게 한 사례는 많다. 신조어는 그냥 생기는 것이 아니다. 열정페이라든지, 무급인턴, 비정규직, 취업난 등이 가져온 젊은이들의 자조 섞인 푸념이다. 이 중에서도 열정페이란 말의 뜻은 자기가 열정적으로 좋아하는 일에 대한 경험을 급료 대신 주겠다는 것이다. 당연히 좋아하는 일을 하려면 돈을 받지 않아야 한다는 뉘앙스가 담긴 말이다.

헬 조선이 아예 탈조선脫朝鮮으로 변하는 세상이다. 미래가 보이지 않은 우리나라를 버리고 외국으로 떠나가자는 주장이다. 이쯤 되면 막가는 세상이요, 나라의 장래가 암담할 수밖에 없는 일이 되고 말았다.

성과주의를 바탕으로 하는 자본주의사회에서 빈부의 격차는 어쩔 수 없는 모순이라고 하더라도 작금의 우리나라 현실은 너무도 큰 충격으로 다가온다. 소위 금수저라는 말로 대변되는 사람들이 있다. 태어나면서부터 억대의 재산을 물려받는다는 사람이다. 금수저를 입에 물고 나온 사람이야 극소수에 해당된다 하더라도 이보다 조금 못 가지고 태어난 층을 은수저라고 부른다. 금수저는 못되어도 은수저를 가졌어도 꽤 괜찮은 족속이다. 하나 부모님으로부터 전혀 도움을 받지 못하는 사람들은 흙수저 족속이라고 부른다. 문제는 흙수저를 입에 물고 태어난 젊은이들이 전체의 대다수를 차지하고 있어 사회적 문제로 대두되고 있다.

개천에서 용난다는 말은 박물관 유물 전시실에서나 찾아볼 수 있는 말이 되었다. 흔히 우스갯소리로 하는 말이겠으나 나이 어린 학생이 공부를 잘하고 출세를 하려면 할아버지의 재력과 아버지의 무관심과 엄마의 극성이 있어야 된다는 말이다. 할아버지의 재력으로 뒷받침되어야 소위 출세를 한다는 말은 금수저나 은수저 정도는 입에 물어야 한다는 말이다.

나무 위에 집을 짓고 사는 새들도 폭풍우를 만난다. 그래도 그들은 지혜로운 삶으로 둥지 안에 가만히 엎드려 그 시기를 잘 넘기고 살아남는다. 그러나 우리 젊은이들은 폭풍우처럼 몰아쳐 오는 자본주의 물질만능주의 시대의 광풍을 온몸으로 맞서며 살아가고 있다. 하루살이 아르바이트가 전부인 그들에게 어쩌면 헬 조선, 탈조선이란 말 자체도 사치인지 모르겠다. 청년 실업률이 10%가 넘는다는 지금의 젊은이들도 문제지만, 앞으로 커 나가는 아이들이 더 걱정이다.

오늘도 아내가 20여 년 전에 마련해준 놋수저로 밥을 먹는다. 금수저 은수저는 아니지만, 그렇다고 흙수저는 더욱 아니니 놋수저로 밥을 먹는 나는 행복한 사람인가.

5부

고맙다, 친구야

그놈의 헌법 때문에

사람은 말을 하면서 살아가는 존재다. 사람들이 사용하는 말 즉, 언어는 자기의 생각을 나타내고 의사를 전달하며 정을 나누는 수단이다. 말이라는 도구를 어떻게 사용하느냐에 따라서 따뜻한 정도 생기고 좋지 못한 감정도 생긴다. 해서 말이란 그 사람의 인품과 도덕성을 나타내는 척도이기도 하다.

현대 사회에서 말하는 것을 직업으로 가진 사람들도 수많이 많다. 대표적인 직종으로는 교육자, 아나운서, 변호사, 정치인 해설사 등을 들 수 있을 것이다. 그중에서도 정치인들의 말이 항상 많은 관심거리가 되어 사람의 입에 오르내린다.

얼마 전 우리나라에는 직설적인 말로 유명한 대통령이 있었다. 그분의 막말 중에서도 가장 압권인 것은 "그놈의 헌법 때문에"라는 말이다. 그는 2007년 6월 대통령으로 있으면서 당시 대통령 후보 중 한 사람의 정책인 대운하 정책을 두고 한 말이다. 어느 대통령 후보의 대운하 정책을 반대하면서 "앞으로 (대선 후보) 토론이 본격화되면 밑천이 드러날 것입니다. 캬, 그놈의 헌법이 토론을 못 하게 돼 있으니까 단념해야지요."라고 했다. 한나라의 대통령이라면 누구보다도 헌법을 지키고 존중해야 할 사람이다. 그런 대통령이 헌법을 가리켜 '그놈의 헌법' 운운했다니 한심하기 짝이 없는 노릇이다. 오죽했으면 그분의 말솜씨를 일러 시중에서는 X말이라고도 했을까.

요즘 대통령 선거철이 되어 매스컴을 요란스럽게 장식하고 있다. 어느 후보가 어떤 말을 했다던가, 누가 누구와 만나 어떤 대화를 나누었다는 등 많은 말들이 많다. 그중에서도 가장 압권인 말은 모 정당의 대통령 후보로 나선 인사의 "그놈의 FTA 때문에"라는 말이다. 부산국제영화제 간담회에서 한 말이다. 말의 진의는 우리나라가 미국과 맺은 FTA 때문에 한국 영화 발전이 안 된다는 뜻으로 한 말이란다. 아무리 그렇더라도 한 나라의 대통령이 되겠다는 사람이 국가의 중대한 정책으로 맺은 FTA를 두고 '그놈' 운운했다는 것은 상식적으로 납득이 가질 않는 말이다.

위의 글에서 이런 말을 하신 두 분은 공교롭게도 한 분이 대통령으로 있을 때 다른 분은 대통령 비서실장으로 재직하면서 국가의 중요 정책 결정에 깊이 관여한 사람이다, 게다가 요즈음에는 전직 대통령을 하신 그분의 뜻과 정책을 계승해서 국가발전을 이룩하겠다고 떠들고 다니는 인사다. 그 밥에 그 나물이라고 어쩌면 이렇게도 닮았을까. 대통령이나 대통령 후보가 항상 공자님 말씀 같은 말만 하라는 것은 아니다. 그들도 때로는 농담도 우스갯소리도 할 수 있다. 아무리 그렇다 하더라도 사석이 아닌 공적인 자리에서 '그놈' 운운했다는 것은 평소 그 사람의 언어 습관을 엿볼 수 있으며 또한 그 사람들의 인품과 나아가서는 도덕성까지 의심하게 된다.

예로부터 사람을 평가할 때의 기준으로 신언서판身言書判을 꼽았다. 그 사람의 외모와 말솜씨, 그리고 그 사람이 쓴 글이나 문장의 내용과 사리의 판단력을 보고 평가했다는 뜻이다. 그렇다면 이 기준으로 볼 때 두 번째 항목, 즉 말의 습관에서 낙제점을 면하기 어렵다. 또한, 옛 선인들이 이르기를 구시화문口是禍門이라고 했다. 입으로 함부로 뱉은 말이 화를 자초한다는 말이다. 만약 이 인사가 이번 대통령 선거에서 떨어진다면 그 이유 중의 하나가 그의 언어태도도 한 몫을 거들었을 것이 분명하다. 자기의 마음에 들지 않는다고 '그놈' 운운할 정도의 사람이라면 그 사람의 인품과 도덕성이 한낱 꼴이나 베고 거름이나 치우는 필부만도 못하기 때문이 아닐까. 아무리 잘나고 좋은 정책을 내어놓았다고 해도 시정잡배들과 같은 저속한 언어를 스스럼없이 사용하는 사람이 만일 대통령에 당선된다고 가정해보면 왠지 한쪽 가슴이 서늘해진다.

(2013. 11. ≪대구의 수필≫ 제9집)

현어懸魚

6년 만에 가지는 특별한 외출이다. 팔공산에 터를 잡고 살아온 세월, 그 길고 긴 6년을 속 깊고 무던한 아내는 용케도 잘 참아주었다. 하여 올해 여름. 아내와 같이 휴가를 떠나기로 했다. 딸의 도움으로 비록 1박 2일간의 일정으로 떠나는 휴가길이지만, 발길이 가볍고 아내의 얼굴빛도 밝다.

거제도로 가는 길에 거가대교도 구경할 겸 김해 땅으로 방향을 잡았다. 그동안 뉴스와 사진으로만 보아온 노무현 대통령 묘소도 참배하기 위해서이다. 여기에 대통령의 길이 있다. 충청도 땅 청남대에 전직 대통령 다섯 분이 걸었다는 대통령의 길이 유명하지만, 여기에도 대통령의 길이 있는지는 몰랐다. 아주 오래된 옛날이야기도 아니다. 바로 지금의 이야기다. 김해

시 봉하 마을에서 그 유명한 부엉이바위와 정토원 사찰로 올라가는 멀지 않은 산길을 대통령 길이라고 한다. 이곳은 고故 노무현 대통령이 퇴임 후 자주 오르내리던 길이란다. 또한, 노무현 대통령이 걸어서 올라간 마지막 선택의 길이기도 하다.

삼복더위가 한창 기성을 부리는 날씨에 대통령 길 중턱, 마애불상이 있는 곳 나무의자에 앉아 잠시 상념에 잠긴다. 사실 나는 그가 대통령이 되는 과정이나 대통령이 되고 나서도 그의 정책이나 행적에 대하여 적극 지지하지는 않았다. 때로는 그의 가벼운 처신과 입놀림에 대한 반감도 없지 않았다.

큰 직책을 맡아온 사람이든지, 하찮은 필부로 이름 없이 살아온 사람이든지 모두가 자기 나름대로 삶의 기준을 가지고 살아간다. 그 기준을 우리는 양심이라는 말로 설명할 때가 있다. 대통령 노무현도 그랬다.

깨끗한 도덕성과 결단력으로 호감을 얻은 그는 많은 국민으로부터 지지와 박수를 받았다. 역시 그도 어느 날 대통령이라는 무거운 짐을 벗어서 내려놓고 최초로 고향 땅으로 낙향한 대통령이 되었다. 귀여운 손녀를 자전거에 태우고 작은 동네를 달리던 모습으로 더 많은 지지와 박수를 받기도 했다. 그러던 그가 어느 날 죄인의 신분이 될 줄은 아무도 예견하지 못했다.

조금은 더 신중하고 주변 관리에 신경을 써야만 했었다. 본인은 아니었다고 하더라도 자신의 청렴함과 도덕성만큼이나 주의의 친인척 관리에 신경을 써야 했다. 그가 스스로 촌 늙은이라고 표현한 그의 형이나, 영부인과 자식의 주변을 잘 살피고 거두어야 했다. 아무리 하찮은 잘못도, 본인의 뜻과는 무관하게 주위에서 일어난 작은 것들도 모두 그가 감당해야 할 몫이었다. 대통령이라는 우리나라 최고의 권력층에 있었던 후유증이라고 생각해버리기에는 양심이 허락하지 않았을 것이다. 그리고 그는 부엉이바위에서 인생의 마지막을 정리한다.

마지막 부엉이바위에서 생을 마감하고자 결심했을 때까지 그는 끝없는 자기와의 싸움과 고민 속에 얼마나 많은 시간을 보내야 했을까. 오직 깨끗함과 도덕성을 가장 큰 덕목으로 삼았던 그였다. 그렇다고 어디에다 대고 하소연할 곳도, 들어줄 사람도 없었을 것이다. 따지고 보면 그렇게 대단한 부정축재도 아니었다. 그러나 비록 적은 것이었다 하더라도 그에게는 너무나 큰 부담으로 돌아왔다. 그러나 때는 이미 늦었다. 돌이킬 수 없는 사실을 직면했을 때 모든 것들이 인간 노무현의 가치관으로서는 용납할 수 없는 일이었으리라. 고뇌로 얼룩진 그해 5월의 긴긴 밤을 뜬 눈으로 지새운 그가 선택한 최후의 길은 하나뿐이었다. 차마 입으로 다하지 못한 사연들은 동이 터는 이른 아침 몸부림으로 부엉이바위를 택하게 하였을 것이다.

현어懸魚라는 말이 갑자기 머릿속을 스친다. 그 뜻은 '관공서에서 선물 받은 고기를 창고에 달아놓고 떠날 때 가져가지 않음을 의미'하는 것으로 관리의 청렴도를 나타내는 말이다. 조선시대 세조 때 전라도 익산 군수로 있던 곽안방이 임기를 마치고 돌아올 때 한 노비가 열쇠 하나를 차고 오는 것을 보고 놀라며 말했다고 한다. "이것 또한 관공서의 물건이니 어찌 작고 큰 것을 논하겠는가? 나를 더럽힐 수 없다."라며 바로 돌려보내도록 했다고 한다. 이를 두고 주위에서 '현어懸魚를 실천 한 사람'으로 크게 칭송하였다고 한다.

현어懸魚까지는 바라지도 않는다. 가장 높은 자리에 있다가 돌아왔을 때 자신의 양심에 비추어 가책되지 않았으면 하는 바람일 뿐이다. 사실 따지고 보면 우리나라에서 대통령이나 장, 차관, 국회의원 등 고위 권력층에서 살아온 사람 중에 '하늘을 우러러 한 점 부끄러움이 없다.'라고 장담할 사람이 몇이나 되겠는가. 우리는 그동안 많은 대통령을 선출하였고 떠나보냈다. 그들은 한결같이 대통령의 임기를 마치고 퇴임을 하면 본인 또는 친인척 비리로 세상을 떠들썩하게 하였다.

그래도 세월은 자연의 법칙에 따라 어김없이 흘러가게 되어 있다. 올해 말이면 또 한 명의 대통령을 우리는 뽑아야 한다. 벌써 대통령 선거에 출마를 희망하는 인사들이 뉴스의 앞자리를 차지하고 있다. 모두 자기만이 애국자이고 국가와 국민을 가장 부강하고 행복하게 하겠다고 야단들이다. 그러나 제발 이번에 선출하는 대통령만은 정말 현어懸魚라는 단어를 빛내는 그런 대통령이었으면 하는 소박한 희망을 가져본다.

(2012. 12. 대구수필과비평작가회의 동인지)

급난지붕 急難之朋

J형!

오늘도 혼자 터덜터덜 산길을 오르고 있습니다. 몇 달 전만 해도 당연히 J형과 같이 걸어가던 이 길을 오늘은 상념에 잠겨 나 혼자 힘없이 산길을 걷고 있습니다. 그러고 보면 형과 같이 원근의 명산을 찾아다닌 지도 무려 수십 년이 지났는데 오늘은 혼자 걷고 있습니다. 자꾸만 다리에 힘이 빠져 금방이라도 주저앉을 것만 같습니다. 그래도 힘을 내어 멀지 않은 정상까지 다녀오려고 합니다.

청천벽력이라는 말이 이럴 때 쓰는 말인지는 미처 몰랐습니다. 그렇게도 건강하고 매사에 긍정적이었던 J형이 어느 날 병원에 가서 수술을 받아야 한다고 무덤덤하게 말했을 때, 그때도 나는 대수롭지 않게 생각했습니다. 사람이 살다 보면 별일이 다 있게 마련인지라 간단한 종기 수술 정도로 생각하였습니다. 그런데 형이 큰 병원에 입원하여 수술을 받고 신장 한쪽과 위의 반쪽을 절제하였다는 말을 들었을 때 거짓말 같았습니다. 그때도 형의 얼굴에는 희미한 웃음이 남아 있었습니다.

힘들고 고통스러운 수술을 받고 일주일 동안 병원에 있다가 바로 퇴원하여 근무해야 한다고 했습니다. 어떻게 지낼까 싶어 찾아간 형의 힘없이 앉아있는 모습은 오래도록 잊지 못할 것 같습니다. 대단한 직장도 아니지 않습니까. 남들이 쉽게 말하는 아파트 경비직이 뭐 그리 대단한 직장이라고 그 몸으로 근무하겠다고 다시 일터를 찾아갔습니까. 그 며칠 사이에 몸은 반쪽이 되었고 얼굴은 피골이 상접했습니다. 그렇게 며칠을 버티다가 끝내는 그 일터마저 버리지 않으셨습니까. 처음부터 미련을 갖지 않아야 했습니다. 신장 한쪽을 떼어내고 위를 반이나 잘라내었으니 음식물인들 제대로 먹을 수 있었겠습니까. 시원한 물인들 마음 놓고 먹을 수 있었겠습니까? 형, 신외무물身外無物이라 하지 않습니까? 부디 건강관리 잘하시기 바랍니다.

J형.

사람이 한평생을 살아가면서 진정한 친구 두 사람만 있어도 그 사람은 성공한 사람이라고 합니다. 그렇게 본다면 형이 있어서 나는 참으로 성공한 인생이고 행복한 사나이입니다. 형은 나보다 세 살 더 많은 나이지만, 나이에 상관없이 우리 두 사람은 마음으로 서로 존경하고 믿고 의지하며 우정을 나누며 살아왔습니다.

지난날을 되돌아보면 벌써 40년도 훨씬 더 지난 이야기입니다. 1970년대 초 유신 정부가 예비군 훈련을 강화할 때 형과 나는 만났지요. 학사장교 출신으로 형이 내가 근무하는 직장 예비군 중대장으로 부임하였고, 나는 군에서 갓 제대해온 신병 예비군이었습니다. 그때 나는 소대장이라는 깜냥에도 맞지 않는 직책을 맡아 형을 보필하였습니다. 뙤약볕에서 운동장을 뒹굴면서 향토방위군가를 목이 터져라 외쳤던 우리였습니다. 때로는 점심값이 없어서 우리는 예비군 중대장실에서 라면으로 끼니를 해결하면서도 즐거웠고, 어쩌다 주머니에 용돈이라도 몇 푼 생기면 향촌동 어수룩한 목로주점에서 소주 두 병을 거뜬하게 비우곤 했습니다. 형과 내가 승진하여 각자 직장을 달리할 때도 우리는 수시로 연락을 주고받았고 휴일이면 누가 먼저랄 것도 없이 자연스럽게 낚시다, 등산이다 하면서 어울려 다녔습니다. 그리고 우연한 기회로 예천에서 같이 근무할 때는 사원용 아파트에서 한솥밥 먹기를 또 1년 넘게 하였습니다.

매사에 적극적이고 앞에 나서기를 좋아하는 내 성격에 비해

형은 조금은 소심하고 매사에 신중을 기하는 형이었습니다. 그래서 그랬던가. 좋은 일 궂은 일들을 겹겹이 쌓아가며 40년을 훌쩍 뛰어넘어온 세월. 친형제보다도 더 많은 시간을 같이 살아오면서 얼굴 한 번 찡그린 적 없고 비위 상하여 뒤돌아선 적이 한 번도 없었지요.

관포지교管鮑之交와 지란지교芝蘭之交라는 말이 있습니다. 전자는 관중과 포숙의 지극히 돈독한 우정을 말하는 것이라면, 후자는 지초와 난초의 교제라는 뜻으로, 벗 사이에 맑고도 고귀한 사귐은 이르는 말입니다. 조금 과장되게 말한다면 우리 두 사람의 40년 우정도 관포지교나 지란지교에 못지않다고 자부심을 가지고 있습니다. 또한, ≪명심보감≫에 급난지붕急難之朋이라는 말이 있습니다. 원래의 문장은 주식형제천개유酒食兄弟千個有요, 급난지붕일개무急難之朋一個無라고 합니다. 즉 술 마시고 밥 먹을 때 형 동생 하는 친구는 천 명이 있지만, 급하고 어려울 때 막상 나를 도와주는 친구는 한 명도 없다는 말입니다. '오늘도 사무실에 출근했나?' '요새 손님들은 좀 오나?' '팔공산엔 안 춥나?' 하면서 만나지 못하는 날이면 매일 아침 아우의 소소한 부분까지 묻고 알아보며 마음 아파하던 형이 아니었습니까?

내가 경영하던 팔공산 모텔이 팔리어 대구로 다시 이사 오게 되었다고 제일 먼저 기쁜 소식을 전했을 때도 잘됐다. 잘됐다

하면서 자기 일보다 더 좋아하던 형이었습니다. 이제는 더 자주 볼 수 있겠다며 한더위만 지나면 산에 가자던 형이 이렇게 갑자기 쓰러질 줄은 상상도 하지 못한 일이었습니다.

형!

너무 슬퍼하지 마십시오. 예부터 전해오면 말에 인생칠십고래희人生七十古來稀라고 했습니다. 즉, 인간이 칠십 살까지 사는 것이 드문 일이라는 말입니다. 살다 보면 회한이 남는 일도 한둘이 아닐 것입니다. 하나 사람이 애쓴다고 모든 일이 다 잘될 수는 없는 일임을 형은 먼저 알고 계시지요. 아무리 백 세 시대라고는 하지만 고희古稀를 넘기고 사나이로 태어나 30여 년 전기통신기술직 중견 간부 사원으로 직장생활 잘 마무리 하였고, 또 한 가정을 이루어 아들딸 잘 길러 성사까지 마쳐서 독립시켜 놓았으니 할 일은 다한 것이 아니겠습니까?

인명人命은 재천在天이라고 했습니다. 그까짓 두 개 있는 신장 하나 떼어내고 커다란 위를 조금 잘라냈다고 대수겠습니까. 일체유심조一切唯心造라고도 합디다. 모든 것은 마음먹기에 달렸다고 했으니 형이 다시 일어서겠다는 굳은 의지만 있다면 못 일어날 일도 없습니다. 지금은 몸조리하는 형을 자주 만날 수는 없지만, 애써 건강 챙기시고 얼굴 가득 웃음 담고 만날 날을 기약해봅니다. 그래도 심심하고 무료한 시간이면 아우에게 전화라도 자주 하시구려. 형의 목소리를 듣지 못하는 나도 새로운 기분으로 힘을 내겠습니다. 그리고 내일 아침에는 다시 맑은 정신과 마음으로 전화하겠습니다. 어젯밤에는 좋은 꿈 꾸셨나요?

방하착放下着하라

조그만 밭떼기 한쪽 가장자리에 심어 놓은 고구마 덩굴이 온통 제 세상을 만났다. 줄기는 힘차게 뻗어 다른 작물의 경계를 침범하고 잎사귀는 푸르다 못해 검은빛마저 띠고 있다. 고구마 밭을 둘러볼 때마다 백만장자라도 된 듯이 가슴이 설레고 눈가에는 가을 수확에 대한 기대가 가득하다.

팔공산 사랑채 옆을 개간하여 무료함을 달래기 위한 소일거리로 시작한 농사가 해를 거듭할수록 면적을 넓혀 나가다가 이제는 힘에 부칠 만큼 늘어났다. 이것저것 심고 가꾸는 동안 때로는 새로운 것에 대한 도전을 해보고 싶어진다. 올해의 야심작은 고구마농사로 정했다. 고구마는 잔손이 별로 가지 않기 때문에 비교적 수월할 것 같았다. 초등학교에 다니고 있는 손자 녀석들과 같이 고구마 캐기 체험을 하고 한겨울 간식거리를 장만하기 위해서다.

강아지 집 근처 빈터에 맞춤한 땅을 고르고 3~4평 남짓한 땅을 장만하였다. 지난해에는 배추를 심었던 자리다. 혹시나 잘 자라지 않으면 한 해 고구마농사를 망칠 것 같아 낙엽과 개똥을 섞어 한겨울 동안 푹 삭혀놓은 밑거름도 넉넉하게 넣었다. 봄부터 가을까지 틈틈이 웃거름도 조금씩 뿌리고 물주기도 게을리 하지 않았다. 땅은 노력한 만큼 거두게 해준다고 굳게 믿고 있었다.

주홍빛으로 물들어 가는 단감이 탐스러운 가을날 토요일이다. 오전에 아내와 고구마밭으로 향한다. 때마침 손자 녀석들은 다른 일이 있어 올 수 없다고 전갈이 와서 부득이 우리끼리 고구마를 캐기로 하였다. 머리에 수건을 두르고 큼지막한 바구니를 챙겨 밭으로 향하는 아내의 얼굴은 가을 햇빛만큼 상기된 모습이다. 고구마 줄기는 억세다. 손으로 도저히 제거할 수가 없어 낫으로 잘라내야 한다. 포기 수는 얼마 되지 않는데 줄기 제거에 진한 구슬땀 한번 흘린다. 드디어 호미로 조심스럽게 땅을 파기 시작한다. 한데 조짐이 이상하다. 첫 포기부터 고구마는 없고 자잘한 뿌리만 한 다발씩 나온다. 고구마가 달린 것도 겨우 엄지손가락 굵기를 넘나든다. 간혹 좀 굵은 것도 나오기는 하지만 준비해간 바구니의 반을 넘기지 못한다. 지나가던 이웃이 고구마 캔 것을 보고 빙그레 웃는다.

농작물은 농부의 발걸음 소리를 듣고 큰다는 말을 철칙처럼 여겼다. 그만큼 농작물을 돌보고 관심을 가지라는 말인 줄 알았다. 서투른 농부가 어쩌다 얻어들은 격언을 큰 밑천인 양 생각하고 고구마 농사를 지은 것이 화를 불러왔다. 남보다 잘 지어 보려는 욕심이 화근이었다. 무조건 거름을 많이 주고 물도 때맞추어 주고 잘 돌보면 잘 자랄 줄 알았다. 잎과 줄기는 무성하게 자랐는데 뿌리는 영 신통치가 않다. 말 그대로 유명부실有名無實이요 속이 텅 빈 강정이 되고 말았다. 작물마다 고유의 특성이 있는 줄을 미처 몰랐다. 고구마는 척박한 땅, 모래가 많이 섞인 땅에 잘되는 줄 몰랐다.

의욕과 욕심의 경계는 어디까지일까. 사전적 의미로 보면 의욕이란 '무엇을 하고자 하는 적극적인 마음이나 욕망'이라고 되어있다. 또한, 욕심은 '분수에 넘치게 무엇을 탐하거나 누리고자 하는 마음'이라 한다. 농부가 1년 동안의 일용할 양식을 장만하기 위하여 농작물에 거름도 주고 관리를 하는 것은 당연한 일이다. 그것을 욕심이라고 하는 사람은 아무도 없을 것이다. 그러다 남보다 더, 지난해보다 조금 더 잘 지으려고 과분한 의욕을 부리는 일도 더러 있다. 이것을 욕심이라고 탓하고 말 것인가.

'방하착放下着'하라는 스님의 법문을 수도 없이 들으며 살아왔다. 방하착이라는 말은 애착愛着이나 욕심을 내려놓으라는 스님의 법문이다. 그래야지 하면서도 돌아서면 삶에 대한 의욕이 애착이 되고 애착이 욕심으로 변하고 만다.

올해 고구마 농사도 그렇다. 팔공산 자락에서 전원생활을 10여 년 가까이 하면서 재미삼아 괭이와 삽으로 시작한 남새밭이 어느새 평수를 늘려가고 작물의 가지 수도 많아졌다. 농사일이 힘들긴 해도 수확의 보람과 내 가족을 위한 먹거리 장만에 재미를 붙이고 의욕이 생기다 보니 어느새 욕심이 되고 말았다. 열심히만 하면 되는 줄 알았고, 거름을 듬뿍 넣어 심어둔 고구마에 땅은 뿌리 열매로 내어주지 않았다. 겉으로 보이는 줄기는 가득한데 속의 내용물은 빈약한 것을 남겨놓았다. 이래서 법회 때마다 스님은 방하착하라고 그렇게 힘주어 강조하셨나 보다. 난 아직도 아마추어요 초보 농사꾼일 뿐이다.

(2014. 11. ≪대구수필과비평≫ 제4집)

연필

요즈음에는 수많은 종류의 필기구가 있지만, 그중에서도 나는 연필을 많이 사용한다. 우연찮게 익힌 명리학命理學으로 사람 살이에 대한 상담을 업業으로 하여 많은 사람과 대화를 나누다 보니 자연스럽게 글을 많이 쓰게 되고 따라서 연필을 자주 사용하고 있다. 연필을 많이 사용하는 이유는 아무래도 잘못 쓴 글을 지우개로 깨끗하게 지우고 고칠 수 있다는 편리성 때문이다. 뾰족하게 잘 깎아놓은 연필로 글을 쓴다. 흰 종이의 텅 빈 공간과 연필심이 부딪히는 서걱거리는 느낌이 아주 좋다.

오늘 아침에도 출근하자마자 연필을 깎는다. 새로운 하루의 운수 좋은 날을 기원하는 주술적 의미까지 더하여 별로 닳지도 않은 연필 다섯 자루를 정성스럽게 깎아놓는다. 연필을 깎는데 그렇게 오랜 시간이 소요되지는 않는다. 칼로 연필은 깎는 것이 아니라 연필 깎는 기계를 사용하기 때문이다.

연필 깎기는 초등학교에 입학하면서부터 시작된다. 옛날에는 누구나 다 그렇지마는 연필 깎는 일이 수월치가 않았다. 대개 형이나 누나가 연필을 깎아주지만, 형, 누나도 없이 맏이로 자라온 나는 항상 스스로 연필을 깎아야 했다. 어쩌다 어머니가 연필을 깎아주시기도 했지만, 내 손으로 깎는 일이 더 많았다. 윗옷 주머니에는 항상 연필을 깎는 칼이 노끈에 묶여 달려 있었다. 칼집이 있고 접었다 폈다 할 수 있는 집게 칼이다. 이 칼의 주된 용도는 연필을 깎는 것이지만, 때로는 여러모로 다양하게 쓰였다. 고구마나 과일 같은 것을 깎아 먹을 때도 사용되었고 버들피리, 보리피리 같은 간단한 장난감을 만들 때도 유용하게 쓰였다.

6·25 전쟁이 끝난 지 얼마 되지 않은 어려운 시절에 초등학교를 시골에서 다녔다. 초등학교 시절, 연필 깎는 일은 중요하면서도 어려운 일이었다. 항상 나름대로는 공을 들여서 정성스럽게 조심하며 깎았지만, 도중에 연필심이 부러지기는 경우가 다반사였고, 다 깎아 놓은 것도 깎은 면이 고르지 않고 겉모양이 들쑥날쑥하게 일그러져 속이 상할 때가 더 많았다. 옛날 연필심의 강도도 매우 약하여 걸핏하면 부러졌다. 애써서 깎아간

연필도 글자 몇 자 쓰지 않아서 부러지고 말았다. 항상 두서너 자루의 연필은 준비하지만, 그것으로도 부족할 때가 있었다.

그때는 책가방이란 것이 없었다. 모든 학생은 천으로 만든 보자기에 책과 공책 필통 등을 싸서 어깨에 대고 다녔다. 저학년들은 부피가 크지 않아서 책보를 어깨에 가로질러 비스듬히 질끈 동여매고 다녔다. 뜀박질이라도 할 때면 양철 필통 안에 들어있는 연필과 잡동사니 등이 달그락달그락 요란한 소리를 내었다. 그 때문에 애써서 깎아놓은 것들도 오가는 도중에 심이 부러지기가 일쑤였다. 그러면 또 연필을 깎아야 했다. 연필을 이루고 있는 나무의 질도 좋지 않았다. 나무의 결이 그대로 살아 있어 칼질을 조금만 잘못해도 한 귀퉁이가 뚝 떨어져 나갔다. 떨어져 나간 부분만큼 성한 부분도 베어내고 새로 깎아야 했다.

그 시절 시골 초등학교에는 책상 의자도 없이 교실 마룻바닥에 앉아서 공부했다. 중간고사나 학기말 시험 때는 말할 것도 없고, 담임선생님은 수시로 시험을 보았다. 예나 지금이나 시험 시간은 엄숙하다. 한 번은 시험 도중에 준비해둔 연필 두 자루의 심이 모두 부러지고 말았다. 큰일이다. 옆자리에서 시험을 보는 여자 친구를 힐끔 쳐다보았다. 연필심 부러졌다고 연필 한 자루 빌려달란 말을 하지도 못하고 끙끙 앓고 있었다. 시간이 한참 지나고 나서야 여자 친구가 내 눈치를 알아차린 것 같다. 슬며시 연필 한 자루를 내밀어 준다. 휴! 긴 한숨이 나온다. 시험을 무사히 잘 마쳤지만, 여학생에게 연필을 어떻게 돌려주었는지는 기억이 없다.

시골 오일장이 서는 날이면 뜨내기 연필장수도 있었다. 시퍼런 칼로 연필심이 기다랗게 깎아서 들고 골판지 상자를 내리찍어도 연필심이 부러지지 않는다고 자랑을 하면서 팔았다. 이런 광경을 본 학부모들은 신기해하면서 다투어 사갔다. 어머니도 그 연필을 사왔지만, 연필심은 좀 더 강했는지 몰라도 나무의 질은 더 형편없었다.

그 시절 연필은 아주 귀한 물건이었다. 넉넉한 집안의 학생은 그렇지 않겠지만, 대다수 학생은 연필을 아주 귀하게 여겼다. 어쩌다 상으로 연필 몇 자루를 받으면 그것을 걸고 따먹기를 하는 게임도 수시로 벌어졌다. 깎고 깎아 몽당연필이 되어서 손에 잘 잡히지 않아도 버리지를 못했다. 나중에 모나미 볼펜이 나온 후로는 다 쓴 볼펜 껍데기에 몽당연필을 끼워서 다 닳아 없어질 때까지 사용하곤 했다.

시골살림은 항상 가난했다. 어쩌다 집에 돈은 없고 공책이나 연필 같은 문방구가 급하게 필요할 때 어머니는 돈 대신 달걀 한 꾸러미를 내어 주셨다. 그러면 나는 아무 말도 하지 않고 어머니와 안면이 있는 문구점으로 그것을 들고 갔다. 나를 알아보는 문방구 주인은 군말 없이 달걀을 받고 필요한 물건을 주었지만, 창피한 생각에 제대로 얼굴을 들지를 못하고 황급히 뒤돌아서서 뛰어나오던 기억이 새롭다.

초등학교에 다니는 고만고만한 친손자 외손자들이 방학 때나 주말이면 우리가 사는 팔공산으로 자주 놀러 온다. 녀석들은 놀러 와서도 밀린 숙제며 일기를 쓰느라고 연필을 자주 찾는다. 오늘은 여분의 연필 몇 자루를 더 깎는다. 주말이니 또 녀석들이 저희 어미 뒤를 따라 쫄랑거리며 찾아오겠지. 한두 자루로는 부족할 수도 있겠다. 아예 두 자루를 깎아 속주머니 깊숙이 넣는다.

(2013. 7. ≪문장≫)

자식농사 상농사

살아 있는 잎들이 싱싱한 축제를 열고 있다. 푸르다 못해 검은색이 도는 콩잎들이다. 산들바람에도 가볍게 춤을 춘다. 계절은 아직도 여름의 열기를 물고 있는데 조심스럽게 잎을 들추어보면 제법 튼실한 꼬투리를 달고 있다. 콩밭 옆 길가에서 손자들이 공놀이로 골목 안이 왁자하다.

팔공산 한 자락을 차지하고 살기 시작하면서부터 텃밭을 일구었다. 무료함도 달랠 겸 내 손으로 농사지은 먹거리를 마련하기 위함이다. 어린 시절을 농촌에서 보냈지만, 농사일이라고 해보지 않았다. 게다가 농사에 대해 아는 것이라고는 정성을 들인 만큼 소출을 거둔다는 원칙만 알고 무작정 콩을 심었다. 콩이 어느 정도 자랄 즈음 아무래도 거름이 부족하다는 생각이 들었다. 헛간을 둘러보니 봄배추에 뿌려주려고 사다 놓은 비료가 있었다. 무럭무럭 잘 자라라고 골고루 뿌려주고 열심히 잡초도 뽑아주었다. 역시 기대만큼이나 잘 자랐다. 이때까지도 농사가 잘되는 줄 알았다. 그러나 오래지 않아 문제가 생기기 시작했다. 자라면서 넝쿨이 생기기 시작한 것이다. 가을걷이를 할 즈음에는 콩은 오다가다 몇 꼬투리 달리고 넝쿨만 무성했다.

지나친 관심이 실패의 원인인 것 같았다. 이듬해 다시 콩을 심고 거름은커녕 아예 거들떠보지도 않았다. 그렇게 무관심 속에 여름이 가고 가을걷이를 하려고 둘러보니 이번에는 콩보다 잡초가 훨씬 더 많다. 혹시 누가 보기라도 할까 봐 부끄러웠지만, 그런대로 타작이라고 해보니 역시 기대 이하다. 게다가 벌레 먹은 콩이 태반이다. 곁에 있는 아내가 대놓고 말은 하지 않지만 돌아서서 비웃는 것만 같아 자꾸만 뒤통수 쪽으로 신경이 쓰인다. 두 해에 걸친 콩농사를 실패하고 공부를 했다. 콩은 뿌리혹박테리아가 있어 자체적으로 영양분을 생산하는 능력이 있어서 비료를 주지 않아도 된다는 사실을 알게 되었다. 이런 지식쯤은 초등학교 시절 다 배운 것인데 까마득히 잊고 있었다. 게다가 콩은 포기가 무성하므로 잡초를 뽑아주지 않아도 된다 하여 게으른 사람이 하는 농사라는 말도 모두 거짓말이다. 모든 식물이 그렇듯이 천적인 잡초는 당연히 뽑아주어야 했다.

콩농사가 올해로 벌써 사 년이나 되었다. 더 이상의 실패는 없는 것 같다. 이제는 조금 자신이 생겨 콩밭의 규모도 상당히 넓혔다. 두 해에 걸쳐 실패를 거듭한 것이 많은 경험으로 돌아왔다. 하여 올해에는 제대로 잘 익은 콩을 제법 수확할 것 같다.

공놀이하던 막내 손자 녀석이 무릎에 상처가 났나 보다. 대단하지는 않은 것 같은데 징징대며 집으로 들어오고 뒤따라 나머지 녀석들도 우르르 몰려온다. 평소 때 같으면 어르고 달래며 치료해 주겠지만 못 본 체 내버려둔다. 그러니 저희끼리 소독약도 바르고 일회용 밴드로 응급처치도 한다. 그래도 못 본 체 한다. 지금 당장이야 못 본 체 하는 내가 야속도 하겠지만 언젠가는 알게 되겠지. 아이들은 그렇게 자라는 것이다.

사실 요즈음 자식에 대한 과잉보호가 어제 오늘의 문제는 아니다. 오로지 자식 공부 시키겠다고 아내와 함께 외국으로 보내놓고 혼자 살아가는 사람이 어디 한둘이던가. 또한 학교에서 선생님이 문제를 일으킨 학생에게 교육적으로 회초리 한번 들었다고 학교에 찾아가서 행패에 가까운 항의를 하는 것은 이제 신문 기사거리도 되지 못한다.

또한 어떤 여자는 자기 몸은 치장을 위해서는 백화점에서 최고의 명품으로 치장을 하면서도 자식에게는 헌 옷을 얻어 입힌다는 이야기도 들었다. 아이들은 천하게 커야 귀하게 된다나 어쩐다나하는 궤변으로 포장하고 말이다.

자식을 키우면서 도에 넘치는 보호도, 무관심도 곤란한 일이 아닐까. 그 기준이 어느 정도가 적당할 것인지는 모호할 때가 많지만 어찌되었던지 자식에 대한 과잉보호와 아동 학대가 사회적 문제로 대두되고 있는 것만은 사실인 것 같다. 밭농사 논농사야 금년에 잘못 지어도 내년에 다시 잘할 수 있다지만 자식 농사에는 연습이 없다. 하여 누가 말했던가. '농사 중에 상 농사는 자식 농사'라고…….

고맙다, 친구야

친구야!

오랜만에 친구를 생각하며 한 줄의 글을 쓴다. 사람이 일생을 살아가면서 무수한 인연으로 만나고 헤어지지만, 자네와 나는 참으로 대단한 인연인 것만은 확실하구나. 돌이켜보면 우리가 만난 지도 벌써 40여 년도 더 지났으니 말이야. 불경에 이르기를 옷깃만 스쳐도 인연이라 했으니 우린 전생에 어떤 인연이었을까.

해토머리 즈음인 이른 봄날이었지. 1969년, 봄바람이 아직은 차가운 시절 까까머리로 논산훈련소 같은 내무반에서 훈련병 신세였을 때 처음 만났지. 군번을 받고 대한민국의 군인으로 탈바꿈할 때, 내 군번이 자네보다 2번 빠른 군번이었다. 하여 대한민국 군인이 군번 순서대로 한 줄로 선다면 자네는 한 사람 건너 내 뒤에 서 있어야 한다며 함박웃음을 지었었지. 그때 만난 인연으로 삼 년 군 생활을 하면서 항상 잊지 않고 정 나누며 아프고 힘든 생활을 용케도 잘 보냈지.

이렇게 맺어진 인연이 제대한 후에도 대구 땅에서 같이 살게 되어 우리는 다른 친구들과 같이 '93회'라는 친목 모임을 만들어 자주 만나곤 했어. 나이가 들어 각자 짝을 찾아 결혼하게 되었으니, 무슨 묘한 인연인지 모르겠으나, 결혼식도 자네보다 내가 4일 앞에 하게 되어 자네 결혼식에 참석하려고 신혼여행 일정도 줄여야 했던 기억을 어찌 잊을 수 있겠나. 그리고 우리는 약속이라도 한 것처럼 나란히 아들과 딸 하나씩을 두었지.

그뿐인가. 자네의 직장이 구미였는데 나도 승진하여 구미로 가게 되었지. 구미 신평동에서 이웃하여 살면서 솜씨 좋은 안식구들 덕택에 밀수제비. 호박전 찐 감자로 정 나누며 행복을 알았었지. 자네 딸 규리가 나보고 '시아빠'라고 부르던 시절이 어제 같은데 조금 늦긴 했어도 며칠 전 결혼하는 모습이 얼마나 귀엽고 아름다웠던지…….

내가 대구로 전근 와서 범어동에 터를 잡았을 때 자네도 뒤질세라 또 이웃으로 이사를 왔었어. 우리 아버지의 계속된 사업실패로 내가 무척이나 힘들고 아파했을 때, 자네가 곁에서 막걸리한 잔에 등 두드려주는 우정이 아니었으면 어떻게 그 시기를 보냈을까 싶네.

천방지축 앞뒤 가리지 않고 항상 새로운 일 벌이기를 좋아하는 나에게 비하면 자네는 항상 모든 일에 신중하고 모범적이었지. 그래서 그랬던가. 구미 남통동 남화사南華寺 부부동반법회에 나를 추천하였고 그 후로 나는 20여 년을 법사의 자격으로 부처님 법 안에서 마음 수련을 할 수 있었으니 모든 것이 자네 덕이라고 항상 고맙게 생각하고 있다네.

친구야. 여기쯤에서 옛날 할머니에게 들었던 이야기 한 토막을 해야겠군. 옛날 어떤 부자가 귀한 아들 하나를 두었는데 아들에게 말하기를 세상에 나가서 너를 대신하여 목숨이라도 버릴 수 있는 진정한 친구 세 사람을 사귀라 했다네. 그리하여 아들은 많은 친구를 사귀었지. 하루는 아버지가 아들에게 이르기를 네가 사귄 친구 중에 너를 위해 목숨을 내어놓을 만한 친구가 있느냐고 물었어. 그리고 그 친구를 시험해보기로 했지. 아버지는 돼지 한 마리를 통째로 잡아 하인에게 지우고 이슥한 밤에 아들 친구를 차례로 찾아갔다네. 아버지는 멀찍이 떨어져서 지켜보고 있었다네. 아들은 친구에게 말하기를 "내가 어쩌다 실수를 하여 사람을 죽였네. 자네가 시신 처리를 좀 도와줄 수 없겠나?" 했더니 모든 친구가 하나같이 손사래를 치면서 뒷걸음질치더라는 거야. 마지막 남은 친구 한 사람을 찾아갔다네. 그 친구는 얼굴색 하나 변하지 않고 아들을 자기 집으로 얼른 불러들여 뒷수습을 의논하게 되었지. 그제야 부자 아버지가 나타나서 자초지종을 말하고 "자네가 내 아들의 진정한 친구일세."라고 하며 많은 재산을 나누어 주고 두 사람이 영원한 우정으로 살아가기를 빌었다는군. 남자가 세상을 살아가면서 나를 대신하여 같이 울어 줄 친구 세 사람만 있으면 성공한 삶이라고 했다지. 아마도 친구가 나에게는 나를 대신하여 진정으로 울어 줄 수 있는 친구가 아닌가 싶네.

친구야.

이제까지 우리는 사랑하느니, 고맙다느니, 우정을 믿는다느니 하는 말을 한 번도 하지 않았네. '대신불약大信不約'이라는 말을 아는지 모르겠군. 얼마 전에 선배 문인의 글에서 읽은 글이라네. '옛날부터 큰 믿음 앞에서는 사랑하느니. 지키겠느니 하는 그런 가벼운 언행으로 나타내는 것이 아니라, 말이 없는 일상 속에 그게 다 들어 있다는 말'이라고 한다네.

살아온 날보다는 살아가야 할 날이 더 적게 남아있다는 명징한 현실 앞에서 조금은 더 겸손해지고 싶다네. 우리가 살아온 날들 같이 말없어도 서로 등 기대고 아름다운 우정을 나누며 살아가고 싶은 욕심은 비단 나 혼자만의 생각은 아닐 것이라

믿네. 며칠 지나면 또 부부동반법회에서 만나겠지. 별다른 말이 없어도 씩 웃어주는 모습에 모든 의미를 담고 있겠지. 팔공산 자락 소쩍새 구슬피 울고 간 밤하늘에 보름달 하나가 둥실 떠올랐군. 그리운 친구야. 이 밤도 안녕.

(2012. 6. 유통큰단지)

망신살

아버지 친구 중에 K 노인이 있다. K 노인은 항상 친구들 사이에서 선망의 대상이다. 그분은 어디를 가든지 예우를 받았고 상석에 앉았다. 어쩌다 친구가 관공서 일로 어려움이 있을 때는 거침없이 해결사 노릇을 자청하였다. 자연스럽게 어깨에 힘이 들어갔다. 돈의 씀씀이도 넉넉하여 친구들 앞에서 호기롭게 한턱을 내곤 하였다. 게다가 아들이 지방 권력기관의 장으로 부임하면서 그의 위세는 덩달아 한껏 높아졌다. 사실을 확인할 수는 없는 일이지만, 지방의 고위 공무원이 부임하면 제일 먼저 K 노인을 찾는다고는 소문도 들렸다. 모두가 아들을 잘 둔 덕이었다.

비록 가진 것은 적어도 아버지는 누구 앞에서든지 항상 당당했다. 그러나 K 노인과 경로당에서 자주 어울리면서 K 노인 앞에서는 기가 꺾였고 부러워하였다.

사람 팔자 내일을 알 수 없고, 음지가 양지 되고 양지가 음지 되는 것이 자연의 법칙이다. 그렇게 잘나가던 아들이 그 기관에서 퇴임하고 지방선거에 출마하기 위해 예비후보 등록을 하면서 문제가 발생하였다. 선거라는 것이 후보자 간의 파워게임으로 흐르기 십상이다. 경쟁자로 출마한 또 다른 사람도 같은 권력기관장 출신이었다. 그래서 그랬던가. 그는 전에 근무했던 기관에서의 비리사건이 터지고 결국에는 영어의 몸이 되고 말았다.

자신의 잘잘못은 누구보다도 자신이 더 잘 아는 법이다. 하늘은 속여도 땅은 속일 수 없다고 했다. 자신 저지른 일은 누구보다도 자신이 더 잘 알 터인데 과한 욕심이 화를 불러오고 말았다. 하루아침에 몰락한 그의 처지도 난감했지만, K 노인의 위세도 덩달아 떨어지고 손가락질까지 받는 신세가 되고 말았다.

힘 있는 자에게 돈이 따르고 돈이 있으면 향락을 찾는 것이 자본주의의 모순인지도 모르겠다. 얼마 전 법을 집행하는 현직 검사가 검사실에서 미모의 여성 피의자를 불러 유사성행위를 하고 이어서 그 여인과 수차례 성관계를 하다가 적발되어 물의를 일으킨 적이 있다. 다른 사람도 아닌 범법자의 범죄 사실을 조사하고 벌을 주는 검사가 저지른 일로는 엄청난 사건이었다.

그래도 시중에서는 어리석은 초년 검사가 못된 꽃뱀에게 운 나쁘게 걸렸을 것이라고 동정하는 시선도 없지는 않았다. 그러나 이 사건은 사회 지도층 인사들이 저지른 비리치고는 빙산의 일각도 되지 못하였다.

요즈음 매스컴에 자주 오르내리는 사건 중에서 제일 압권은 뭐라 해도 강원도 모 건설업자의 성 접대 사건이다. 그것도 간단하게 묻힐 일이었는지도 모른다. 희망에 부푼 여성 대통령에 새로운 정부가 출범하고 어느 고등검찰청장 출신 인사를 법무부 차관으로 임명하고자 하였다. 그러나 세상에 영원한 비밀은 없는 법이다. 그 인사로 인해 건설업자 성 접대 사건이 터지고 말았다. 그리고 또 다른 10여 명의 사회 지도층 인사들의 이름이 오르내리는 사건이다. 아직 누구인지는 확실히 밝혀지지는 않았지만, 흉측하게도 벌거벗은 몸으로 노래하며 여자를 등 뒤에서 성폭행하는 장면이 담긴 동영상까지 세상에 알려지기까지 했다. 이 사건으로 국민의 분노는 걷잡을 수 없는 지경에 이르고 있다. 사건의 완전한 진실은 아직 밝혀지지 않았지만, 새 정부의 기대를 한몸에 받고 의기양양하게 등장했던 그는 결국 법무부 차관 자리에도 한번 앉아보지 못하고 검찰의 조사까지 받아야 했다.

먹고 살기 위하여 빅토르 위고의 레미제라블의 주인공처럼 주린 배를 채우기 위하여 빵 한 조각 훔친 것도 죄가 되는 것이 서민들의 삶이라면 너무도 불공평한 사회다. 남부럽지 않은 부를 쌓아놓고도 모자라 이권에 따른 뒷돈을 받고 추잡한 섹스 파티를 즐기면서도, 검사라는 이름으로 법정에서 고귀한 척 신성한 법조문을 들먹였을 그들의 두 얼굴에 침이라도 뱉고 싶다.

대구 매일신문 편집부국장 최정암은 '데스크 칼럼'에서 '소시민들의 범죄는 기껏해야 주위의 영향을 미치는 정도이지만, 그것도 국민들의 생사여탈권을 쥔 자들이 저지르는 화이트칼라 범죄는 다수 국민들에게 피해가 돌아간다. 그들은 공공의 적이다.'

'세칭 일류대학을 나와 국민 위에 군림하는 직장에 다니면서 기껏 한다는 짓이 업자들의 뇌물을 받아 치부하고, 그것도 모자라 섹스 파티를 벌였다는 소문이 전해지면서 그동안 자식농사 잘 지었다고 지인들에게 술잔깨나 돌렸을 그들의 부모들 얼굴이 아른거린다. 잘난 가장 뒀다고 어깨 펴고 살았을 가족들은 앞으로 어이할꼬!'

사회 지도층들이 저지른 범죄 여부는 조사기관에서 알아서 할 일이겠으나, 닥쳐온 망신살은 어찌할 것인가. 어찌 얼굴을 들고 세상을 살아갈 것이며, 그 자식들에게 뭐라고 변명할 것인가.

(2013. 12. ≪대구수필과비평≫ 제3집)

오죽했으면

"험하고 먼 길 부디 잘 가거라."

자정이 가까운 시간, 한적한 고속도로를 주행하고 있다. 마음은 한없이 급한데 몸은 말을 듣지 않는다. 몸은 지치고 눈은 침침하다. 한밤중에 고속도로 운전이 피로를 더하고 있다. 잠시 휴게소에 들러 몸을 풀고 하늘을 올려다본다. 그믐에 가까운 눈썹을 닮은 반달이 푸르스름한 빛으로 밤길을 지키고 있다.

봄이 기지개를 켜는 3월 초, 늦은 오후 갑작스럽게 비보를 받았다. 비보를 전하는 목소리도, 전화를 받는 손길도 가늘게 떨리고 있다. 아직은 젊은 나이다. 생때같았던 외사촌 동생이 세상을 떠났다고 한다. 죽음을 생각하기에는 이순耳順의 나이도 채우지 못한 젊은 한창때의 나이다. 그것도 두 내외가 같은 길을 택했다고 한다.

자정을 훨씬 넘기고 새벽이 가까운 시간에 도착한 시골의 장례식장 빈소는 말 그대로 적막강산寂寞江山 같았다. 딸 셋이 멍한 얼굴로 지키고 있는 빈소에는 참혹하리만치 정적만이 흐르고 있다. 상가에서 흔하게 들을 수 있는 불경 외우는 소리도 없다. 눈물로 빈소를 지키고 있는 상주들의 모습에서 말로는 도저히 표현해낼 수 없는 비통함이 묻어난다. 딸 셋만이 아니다. 자폐증을 앓고 있는 또 하나의 딸이 옆방에서 있다. 어떤 말로 어린 조카들을 위로해야 하나. 말문이 막힌다.

낯선 곳, 외롭고 후미진 시골에서 살고 있던 망자에게 문상을 올 친척이나 친구들이 많은 것도 아니라고 했다. 상주들은 서둘러 내일 장례식을 치르기로 하였다. 어쩌면 이렇게도 짧은 인생을 고생만 하면서 살다 갔을까. 애석함과 비통함이 뒤늦게 진득하게 묻어난다. 서로 멀리 떨어져 살면서 근황을 듣지 못하고 살아온 세월은 덧없이 몇 해가 지났다.

사람이 일생을 살아가면서 쓰리고 아픈 상처야 어디 한둘이겠느냐마는, 삶의 무게가 얼마나 무거웠으면 그 길을 택했을까. 어린 딸들에게 온다는 기약도, 간다는 인사 한마디 없이 까만 연탄 두 장 방안에 피워놓고 명줄을 놓고 말았다. 어찌 눈을 감았을까. 오죽했으면 그 길을 갔을까. 그 결정을 하기까지 얼마나 많은 고민 속에 살았을까 짐작이야 간다마는, 고통의 무게가 그리도 무거웠던가. 비록 딸자식이라지만 그들만을 남겨두고 먼 길을 떠나야 하는 심정을 하룻밤 빈소를 지키는 일로 대신할 수밖에 없다.

사람이 일생을 살아가면서 된방망이를 맞는 일도 있고, 때로는 등걸잠, 멍석잠을 자는 경우도 있다. 힘들고 어렵다고 모든 사람이 극단적인 선택의 길을 택하는 것은 아니다. 돌이켜 생각해보면 참으로 불행하고 불쌍한 인생을 살다가 아직은 젊은 나이에 땅보탬으로 돌아가고 말았다. 세상에 애석한 죽음이 어디 한둘이겠느냐마는. 갑작스러운 동생의 죽음이 가져다주는 중압감은 남의 일 같지 않게 다가온다.

외가 육촌이었던 그는 첫돌을 갓 넘길 무렵 제 어미를 잃고, 자식 복이 없어 딸 여섯을 두신 우리 외할아버지 양손자로 입적되었다. 외할아버지에게 아들이신 외삼촌이 있었다. 그러나 외삼촌은 원수 같은 6 · 25 동란에 의용군으로 끌려간 후 생사를 모르고 있다. 그래서 어미 잃고 불쌍해진 종손자를 입적시켜 손자로 삼았다.

그는 결혼하여 아들딸 낳고 잘 살 줄 알았다. 외할아버지 돌아가시고 얼마 지나지 않아 이륜차 교통사고로 아내를 먼저 보내고 말았다. 지지리도 복이 없는 그에게 불행은 연속이었다.

아내를 그렇게 보낸 지 몇 년 지나지 않아 외동아들마저 뺑소니 사고로 잃고 말았다. 혼자 살 길이 막막한 동생은 어린 딸 하나 딸린 불쌍한 여자에게 재취 장가를 들었다. 그녀가 데리고 온 그 딸은 처음에는 말이 없고 조신한 행동거지로 귀여움을 받았다. 그러나 사춘기를 지나고 성장하면서 이상해지기 시작했다. 얌전해도 너무 얌전했다. 뒤늦게 자폐증을 앓고 있는 줄을 알았지만, 나아지겠지 하는 막연한 기대 속에 세월을 보냈다. 그러면서도 그 딸을 귀여워했다.

인생살이에 한 치 앞이 암흑이라고 하는 일마다 실패를 거듭하였다. 외할아버지가 물려주신 전답과 외아들의 죽음으로 받은 보상금까지 적잖은 재산을 모두 날려버리고 매일 술로 세월을 보낸다는 소문이 바람결에 들려왔다. 그리고 고향마저 등지고 낯설고 외진 시골로 이사를 하였다. 아무리 친척이라고 하지만 각자 제 나름대로 살아가기에 바빠서 어렵게 살고 있는 동생이 겪게 되는 일들을 속속들이 알 수는 없었다. 다 컸다고는 하지만, 결혼식도 올리지 못하고 각자가 짝 맞추어 살아가는 딸 셋의 형편도 여유가 있는 편은 아닌 듯싶다. 어쩔 수 없어 정신과병원에 입원시킨 또 다른 딸 뒤치다꺼리도 감당하기 어려운 짐이었다. 가난은 나라도 못 막는다고 친척들이 도와주는 것도 한도가 있었다. 아직은 젊음이 있고 신체 건강하니 잘 살고 있으려니 하고 그렇게 살았다. 어쩌다 집안의 애경사가 있어 만나는 일이 있어도 일상적인 안부만 묻고 무덤덤하고 지냈다. 본인도 내색하기를 꺼렸다. 그러다 이렇게 비보를 받고 밤길을 달려와서 시골 외진 장례식장 빈소를 지키고 있다.

많지 않은 친척들이 조문객으로 참석하여 비통함 속에 밤을 밝힌다. 살아있을 때 조금이라도 잘해 줄 것을 하는 후회의 눈길들이 애처롭다. 가진 것, 남겨놓은 것 하나 없이 세상을 떠난 주검이다. 마지막 가는 길에 친척들이 형편 닿는 대로 십시일반으로 조의금을 마련하여 간소하게 장례를 치르기로 하였다.

또 하루 날이 밝았다. 이른 아침 염습을 마치고 떠나는 영구차를 물끄러미 바라본다. 여기서 긴 이별을 맞이하기로 한다. 영구차 떠나간 장례식장 앞마당에 비둘기 두 마리가 날아와 무심하게 마당에서 모이를 좇고 있다. 누구나 한 번은 가야 할 길이지만, 한 많은 세상 고생만 하다가 떠나가는 영혼들을 향해 잠시 두 손 합장하고 명복을 빈다.

전생에 무슨 죄가 그리도 커서 남보다 몇 배 더 어렵고 힘들게 살다가 비운에 갔으니, 부디 저세상 좋은 곳에 가서 큰 복 받고 잘 살아라.

소칠, 양팔을 아는가

계영배戒盈杯를 처음 본 것은 몇 년 전의 일이다. 전라도 땅 전주에서 개최된 어느 문학단체의 세미나 뒤풀이의 하나로 민속마을 전통주박물관을 관람하면서 처음 보았다. 다른 말로 절주배節酒杯라고도 부르는 계영배는 술을 많이 마시는 것을 경계하기 위하여 특별하게 만든 잔이다. 술잔에 술을 가득 채워서 마시지 못하도록 술이 어느 정도까지 차면 술잔 옆의 구멍으로 새도록 만들었다.

죽은 죽어도 못 먹고, 밥은 바빠서 못 먹고, 떡은 떡떡 목에 걸려서 못 먹는다고, 술은 술술 넘어간다는 주당들이 욱수골 초입에 모였다. 서산 노을이 잠들고 샛별이 반짝일 무렵부터 모이기 시작한 친구들은 자리를 잡고 앉는 일부터 시끌벅적하다. "소파는 이쪽으로, 맥파는 저쪽으로" 하면서 부산을 떤다. 소파, 맥파라고 하니 무슨 조직 폭력배같이 들리지만, 대단할 것도 없는 소주를 좋아하는 측과 맥주를 즐기는 사람들을 일러 부르는 말이다.

연말 송년회 겸한 회식자리다. 30여 년을 고운 정 미운 정 나누며 같은 직장에서 지내온 막역한 친구들이다. 좋든 직장에서 떠밀리듯 퇴직한 지도 벌써 10여 년의 세월이 지나 귀밑머리 희끗희끗한 나이에 지칠 때도 되었으련만, 연말 송년 모임이 아니더라도 매달 한 번씩 정해진 날짜에 만나면 먹고 마시며 기염을 토하는 친구들이다.

오라는 데는 없어도 갈 곳은 많다고 직장에서 퇴직은 하였으나, 이런 일 저런 일로 분주하게 지내다가 정든 얼굴들을 만나면 흉허물이 없어진다. 나이를 먹을 만치 먹었고 먹은 나이만큼이나 완고한 고집도 가지고 있는 초년의 중늙은이니 때로는 격한 감정도 오가지만, 그래도 쌓아온 정은 변함이 없다.

오늘도 분위기가 좋다. 곁에 앉은 친구에게 술병을 들어 술잔에 술을 부어주면서 담소를 이어간다. 한 친구가 다른 친구와 농담을 하면서 옆자리의 또 다른 친구의 술잔에 술을 따른다. 그러다 아차 실수로 술잔이 넘치고 말았다. 술잔을 받고 있던 조금은 다혈질적인 친구가 불쑥 한마디 한다. "어~! 그만, 그만

술이 넘치잖아. 이봐, 소칠, 양팔도 모르나. 이 친구야. 무슨 놈의 술을 이렇게 성의 없이 따르고 그래."라고 핀잔을 준다. 순간 두 사람의 얼굴이 굳어진다. 그렇다고 이만한 일로 비위 상할 사이는 아니다. 미안하다는 간단한 사과 한마디에 없었던 일이 되고 다시 술잔을 주고받으며 왁자지껄한 분위기에 휩싸인다.

술을 따르고 마시고 주법酒法이야 지방마다 다르고 사람마다 천차만별이라고 한다. 이 모임에서도 누가 지어냈는지 어디서부터 유래했는지는 모르지만 조금은 이상한 주법이 있다. 소칠, 양팔, 맥구 막십이라는 불문율 고집하는 규칙이 있다. 이 말의 뜻은 이렇다. 소주는 술잔에 칠 할 정도 되게, 양주는 팔 할, 맥주는 구 할, 막걸리는 가득 부어야 제 맛이란다. 모임의 역사만큼이나 회원들 사이에 회자되는 말이다. 생각해보면 꽤 그럴 듯해 보이기도 하는 말이다. 그렇다고 이 말이 항상 지켜지는 것은 아니다. 술이 술을 먹는다고 분위기가 무르익고 잔이 거듭되다 보면 어느새 부어라, 마셔라 하며 소칠 양팔 맥구 막십은 유물전의 골동품이 되고 만다.

사람들이 술을 마시는 이유는 괴롭거나 슬프거나 감당하기 어려운 일이 닥쳤을 때도 마시지만, 대개 기분이 좋아지기 위해서 마신다. 그런데 술이란 음식은 다른 음식과 달리 참으로 묘한 구석이 숨어있다. 아무리 대식가라도 음식을 일정량 이상

먹으면 먹기 싫어지고 나아가 더는 먹지 못한다. 하지만 술은 예외다. 술이 술을 먹고 나중에는 술이 사람을 먹는다고 한잔 술이 두 잔 되고, 두 잔 술이 석 잔, 넉 잔 되어 자기도 모르는 사이에 자신이 감당할 수 있는 주량을 넘게 된다.

옛 선비들은 건강을 해치기 쉬운 과음을 경계하기 위해서 계영배라는 술잔을 만들었다. 우리 같은 보잘것없는 서민이 옛 선비들의 풍류에 비교한다는 것 자체가 우스운 일인지도 모른다. 그렇지만, 친구들의 나이도 모두 듣는 귀가 순해진다는 이순耳順의 훌쩍 뛰어 넘었으니 건강에 더욱 신경을 쓰고 매사에 조심해야 할 나이들이다. 그래서 그랬던가. 처음에는 소칠 양팔 맥구 막십을 고집하던 친구들이었다. 모든 일이 마음먹은 대로 다 되는 것은 아니다. 친구들과 어울리는 술자리는 더욱더 그렇다. 시간이 지나갈수록 분위기는 무르익어 화기애애해지지만, 비워지는 술병의 숫자도 따라서 늘어난다.

밤도 익어가고 친구들의 얼굴도 주홍빛으로 익어간다. 비록 수컷들만의 만찬이지만, 술이 있고 마음 맞는 친구가 있으니 허리띠 풀어놓고 호탕하게 마셔본다. 불콰해진 얼굴로 늦은 시간에 집으로 돌아가면 호랑이 마나님의 잔소리를 어떻게 감당하려는지 모르겠다. 에라, 모르겠다. 골치 아픈 생각은 뒷주머니에 쑤셔 넣고 또 한 잔 마신다.

김정호 수필집

홀씨 하나 떨어져

인쇄 2016년 4월 15일
발행 2016년 4월 22일

지은이 김정호
발행인 서정환
펴낸곳 수필과비평사
주소 서울시 종로구 삼일대로 32길 36(익선동 30-6 운현신화타워 빌딩) 305호
전화 (02) 3675-3885, (063) 275-4000 · 0484
팩스 (063) 274-3131
이메일 sina321@hanmail.net essay321@hanmail.net
출판등록 제300-2013-133호
인쇄 · 제본 신아출판사

ISBN 979-11-5933-021-6 03810

값 13,000원

이 도서의 국립중앙도서관 출판시도서목록(CIP)은 서지정보유통지원시스템 홈페이지(http://seoji.nl.go.kr)와 국가자료공동목록시스템(http://www.nl.go.kr/kolisnet)에서 이용하실 수 있습니다.(CIP제어번호: CIP2016009575)

Printed in KOREA